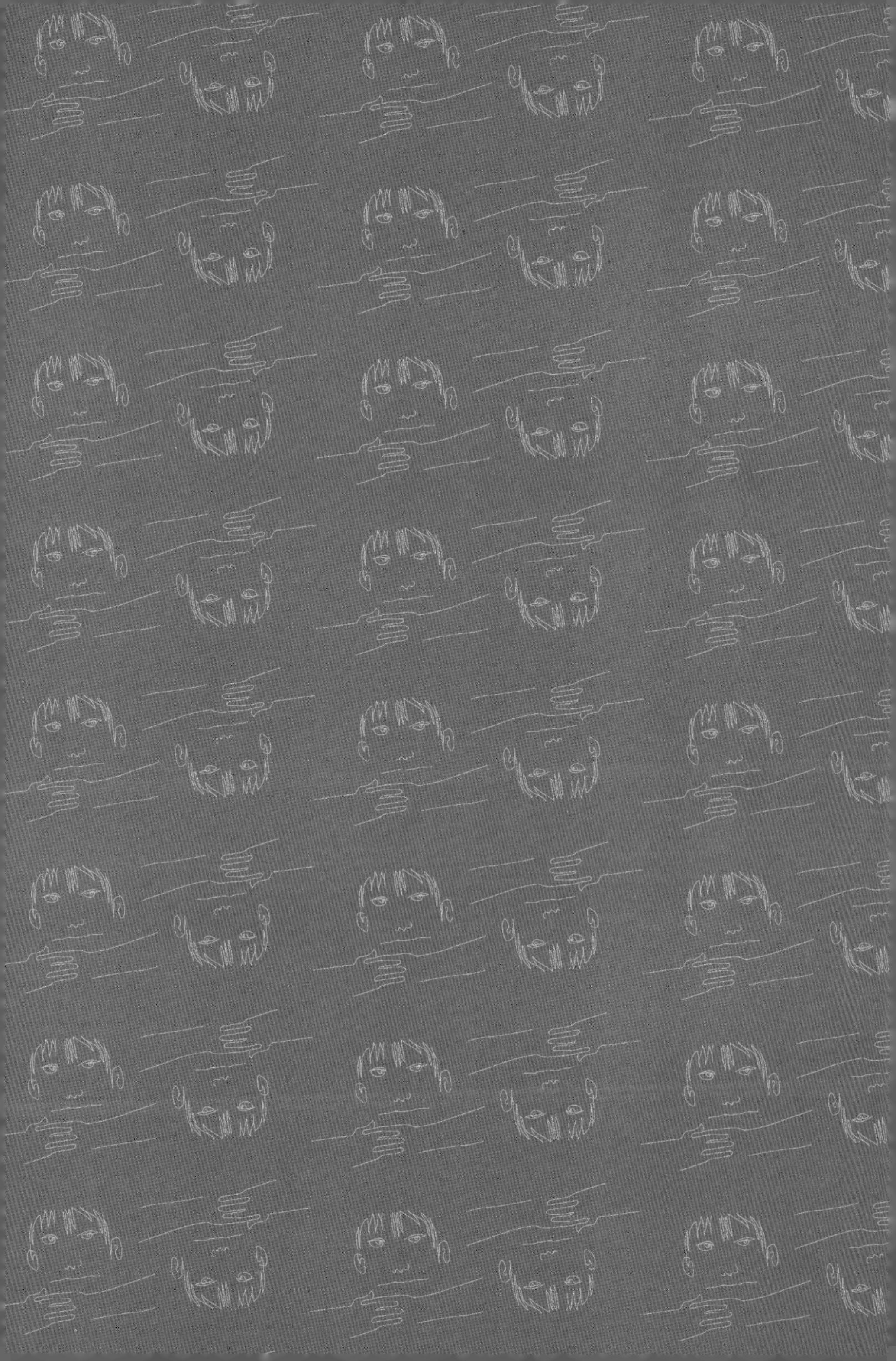

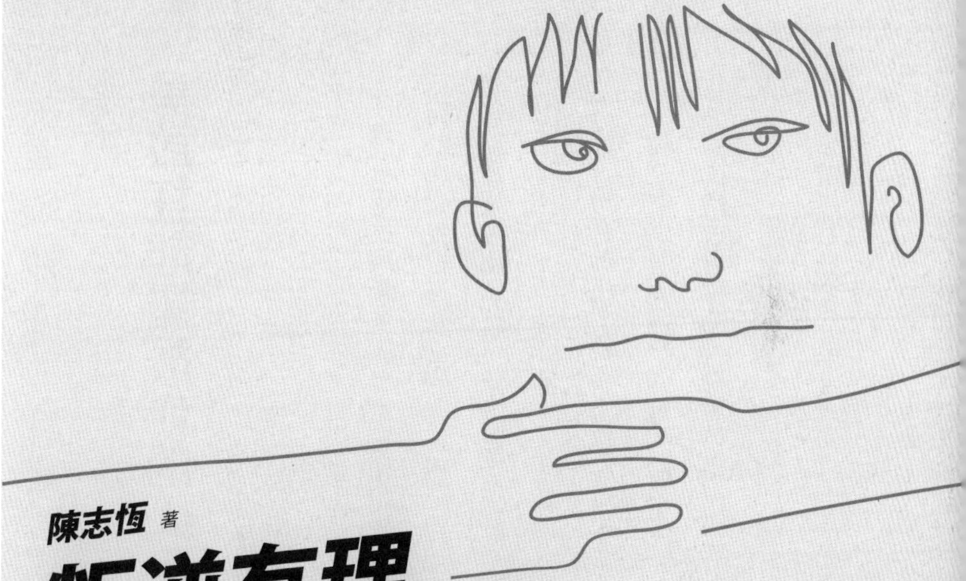

陳志恆 著

叛逆有理、獨立無罪

掙脫以愛為名的親情綑綁

推薦序

勇敢扛起屬於你的人生責任

胡嘉琪

那一年大學聯考完，第三類組的我分數可以上陽明牙醫，據說老媽很開心，因為牙醫聽起來就很適合女生。不過，我卻偷偷跟老爸商量，臺北的學校完全不想去念，老爸說好吧，那新竹科學園區旁邊的交通大學不錯啊。於是，我跑去念了交大的工業工程管理。

驚訝的老媽花了多年才調適過來。

就在老媽看到科學園區的股票不斷往上漲，覺得這個方向應該比牙醫有前途時，我又轉行跑去考彰師大輔導與諮商研究所。

還好，過幾年，老媽也找到安慰自己的想法，女生去當老師還是安穩多了，果然，畢業後我在當年的北護工作一年，然後，順利回到彰師大學生諮商中心工作。

只是，安穩的工作做了兩年半，我就辭職出國讀博士班了。可憐的老媽，在這一路上擔心不斷、驚恐有餘，但幸好都沒有被我嚇出大病來。所以，人生越來越大的跳躍，也就好像慢慢變成一件件理所當然的事情了。

只能說，這本書裡面的每一個招數我都用過，真的都有效喔！

等到我念完博士班，順利在美國州立大學諮商中心找到工作，老媽已經可以在擔心一陣子後，老神在在地說這樣也好。甚至，之後不管是當我宣布要嫁給帶著兩個青少年孩子的離婚美國白人中年男子，還是宣布要離開美國大學的穩定工作時，老媽都說，啊，你的人生就自己選吧！

是的，人生道路，本來就是我們每個人要自己選的。做完選擇，就要扛起屬於這個選擇的責任，不管是忍著眼淚在北方的冰天雪地邊發抖邊剷雪，還是，數著空空的荷包忍住羨慕別人花錢的大方。**人生的選擇，本來就沒有絕對的全贏。但最大的失敗，就是你什麼都不選什麼都不做。**

我很幸運。成長過程中，有很多師長朋友會在我找藉口逃避責任時，勇敢地給我回饋與挑戰，把屬於我的人生責任還給我。

沒錯，閱讀本書中一個又一個故事時，我也很想對書中的主角（以及深陷同樣困境的年輕人）說，叛逆的康莊大道只有一條：**「用成熟的態度，爲自己的人生負起責任吧！」**

即便一時之間，你會失去家人支持，但你不會完全孤單。在這個時代，陳志恆勇敢地站出來，寫了這本書陪你。

更棒的是，陳志恆除了跟你站在同一邊批判這些以愛爲名的綑綁，他還誠實地告訴你，年輕人，你的人生就是要自己負責任的。

此外，你可以找到一群夥伴，一起閱讀並實踐本書中的重要四大步驟：**「覺察、準備、蛻變、行動」**。一起練習**「溫和又堅定」**的，爲自己負責任地長大，用成熟的態度爲自己的人生負責任，同時，也開始理解那曾經在人生中受盡綑綁而暫時無法支持你或理解你的父母家人。

以愛與理性，跟一起閱讀本書的夥伴們，掙脫枷鎖，活出屬於你自己的美好創意人生吧！

以溫柔與耐性，跟一起閱讀本書的夥伴們，用心灌溉，讓永恆的眞愛改寫你的家庭故事吧！

（文本作者爲諮商心理博士、美國愛達荷州與華盛頓州心理師、華人創傷知情推廣團隊召集人）

推薦序

當他說，我學會了放棄

歐陽立中

在高三孩子們畢業前一天，我帶他們進行了一個活動，叫做「潛力迴紋針」。我放了一個裝滿水的透明杯子在講桌上，接著，我拿起一根迴紋針，問孩子們：「你們猜，當我把迴紋針放進水裡，水會不會滿出來？」

孩子們七嘴八舌了起來：「當然會啊！」「水都滿成那樣了。」

緊接著，是見證奇蹟的時刻。

我把迴紋針放進水杯，神奇的是，水一滴也沒漏出來。

「啊啊啊啊啊！怎麼可能！」孩子們都覺得不可思議。

「那你們猜猜要放幾根迴紋針水才會滿出來呢？」趁著他們好奇心爆棚，我接著問他們。

「五根！」「八根！」「十根！」像在競標喊價似地，他們嗨翻了。

我把迴紋針發下去，一人一根，要他們自己上來，把迴紋針放進水杯。但在放之前，我要他們做一件事：「告訴大家，這三年你學會最重要的事是什麼？」他們哀號了一陣，但爲了見證奇蹟，都還是乖乖地上臺了。

「我學會了如何維持一段關係。」孩子說完，把迴紋針投入，水面紋風不動，這是第十二根迴紋針。

「我學會了如何好好溝通。」迴紋針投入，水依舊沒滿，迴紋針數量來到第二十三根。

最後，全班的迴紋針都投完了，水杯裡有四十五根迴紋針，水一滴也沒漏。我想告訴他們的是：「其實你們的潛力，就像這杯水，當你以爲到了極限，其實只是起點，因爲你們擁有無限潛力，只要你相信。」

夠熱血吧！這個故事，我把他收進我的著作《飄移的起跑線》裡。

只是，這故事有個小插曲，我當時沒說。直到讀完志恆的書稿後，我決定說了。

回到當時，輪到小飛上來，大家期待他會說什麼。

結果，小飛說：「這三年，我學會了如何放棄。」

大家先是一愣，接著哈哈大笑，他們以為小飛上來亂的。但是只有我知道，這句話背後有多沉。

小飛把迴紋針投進去了。咚地一聲！那迴紋針重得像石頭，水面震盪，我不確定水是不是漏了出來。

大學放榜，小飛申請上了管理科系，但他眞正想念的是景觀設計系。

但小飛的爸爸告訴他：「景觀設計沒有前途，念管理未來才有穩定的工作。」其實，小飛的繪圖才華光芒萬丈，每次改到他的圖文週記，我總是讚嘆不已。

於是，趁著家長日，我決定好好跟小飛的爸爸溝通，為他爭取夢想的入場券。

「小飛爸爸，您知道嗎？小飛他眞的很有繪圖天分，也很有空間感，如果讓他去讀景觀設計，未來一定會……」我興奮地說著。

「不！」小飛爸爸打斷了我。

「我自己開工廠，知道創業有多難，小飛不懂，念景觀設計未來根本無法養活自己。不如去念管理，實用多了，未來也好找事。」換小飛爸爸說得起勁。

「可是，小飛他不想讀管理，這樣他去念也不會快樂啊！」我緊接著說。

「興趣是興趣，生活是生活。我要他學會：『先擁抱不快樂，再來談快樂。』像我以前讀管理也不快樂啊！但還是撐過來了，現在生活也過得不錯。」小飛爸爸搬出了他那套「不快樂哲學」。

我們就這樣談了快一個小時，最後誰也沒能說服誰。

「這三年，我學會了如何放棄。」小飛這句話，一直不斷迴盪在我腦中。

我們是不是都在對孩子進行以愛爲名的綁架呢？

把孩子當作自己的延伸，而不是把他當成獨立的個體。我們告訴孩子要獨立，但當他有了夢想，我們又認定這叫妄想；我們告訴孩子要長大，但當他長出翅膀，我們卻殘忍地把他的翅膀剪掉。於是，他們跟我們一樣再也不能飛了，我們心滿意足地凝視著輪迴。

直到志恆站出來，說了眞話：「叛逆有理、獨立無罪。」這話擲地有聲。

親愛的父母，當你控制孩子的發展，貶低孩子的能力，其實那是因爲你成長過程有遺憾，因而這份遺憾轉化爲期待，投射在孩子身上。

讓輪迴到此爲止吧！你不想看看孩子們眞正的笑容嗎？

親愛的孩子，當你爭取自己的夢想時，別否定父母的付出，也別想著改變父母。你要做的是感謝父母、理解他們、然後堅定的走自己的路。

掙脫這條期待鎖鏈吧！你不想看看自己能飛得多高嗎？

這些都是我從志恆書裡得到的智慧。這本書有著悲喜交織的故事、專業精準的論點，更重要的是，還有實用具體的練習。像是你想向父母爭取夢想，可以採取「交還責任法」；再如你想要得到父母支持，可以試著用「借父母力法」。但別忘了，志恆告訴你，掙脫親情綑綁最重要的心法是「溫和而堅定」。

這本書既是「逐夢寶典」，也是「溝通教戰手冊」。

記住，你的人生絕對不只這樣。別把得不到家人支持，當做不願勇敢向前的藉口。請你先讓自己的內心強大起來，才夠格爭取夢想的入場券！

回到小飛的故事吧！畢業典禮當天，他眉頭深鎖，不是因爲跟同學告別而難過，而是因爲跟夢想告別而抑鬱。

我走過去，拍拍小飛的肩，堅定地告訴他：「小飛，我沒能說服你爸，但我相信你可以。如果景觀設計是你的夢想，答應我，就算你現在沒辦法做主，你也一定要默默爲夢想蓄力，直到拿出成果的那一刻。那時，就是你奪回人生主導權的時候了。」

小飛忍住淚，點頭答應。

相信我，**放棄夢想不用學，堅持夢想才要**。

（本文作者爲作家、教師）

專業領域的各方推薦

（依姓氏筆劃順序排列）

光是在這個世界上好好活著，就是一門艱難的功課。透過志恆的新書，我們知道：每個人都有權利像貓咪一樣，只要存在就是幸福。

——彰化縣懷抱教育文化協會理事長　**王雅玲**

認識志恆老師好幾年，看見他努力不懈地走在協助年輕人認識自己並找到人生方向，也協助父母與孩子更融洽的相處，這本書的問世相信可以幫助更多人擁抱自己的人生！

——諮商心理師・愛心理創辦人　**吳姵瑩**

志恆心理師結合自己生命的體會、實務現場的觀察以及深厚的助人專業，為所有想「做自己」也想「對家人忠誠」的人，指引一條脫困解苦之道——每個人都有責任回應生命交付給我們的任務，透過自我實現好好照顧自己的人生，也把屬於別人的責任還給別人。

——種子心靈事業有限公司・助人工作者　**邱瓊慧**

透過「覺察」「準備」「蛻變」與「行動」，志恆以精準的筆觸，帶出每位主角內在的掙扎與痛苦，更深入家庭裡複雜難解的互動關係。他將提供讀者一條生命轉化的途徑，開闢生命的疆域。

——高雄市諮商心理師公會理事 **林子翔**

隨著志恆溫暖且堅定的文句，適當地與家人建立心理界限，逐步漸進地爭取理解和認同，活出自己滿意的人生！

——阿德勒心理學會理事．中學輔導教師 **林上能**

志恆是一位外表看起來很安定、血液裡卻充滿叛逆與冒險基因的心理師。翻開這本書，可以陪伴你長出獨立的勇氣！

——諮商心理師．作家 **胡展誥**

這是一本警醒我們「爲自己負責」的書，從中可以感受到志恆對於年輕人追求夢想的鼓舞、堅定與信心！充滿智慧與策略！——毛蟲藝術心理諮商所執行長 **張祐誠**

志恆這本書對我來說也是當頭棒喝，原來愛自己的方式雖然有很多，但可以從放棄改變別人開始。回頭想想身邊那些對你來說重要的人，究竟是幫助了你，還是綁住了你，或許你會發現，當你的人生都花費在替別人負責，那麼你也很難有心力爲自己的人生負責。

——心理學作家　**海苔熊**

期待我身邊每一個對未來不安惶恐的朋友，都能透過志恆老師的引導，學會勇敢替自己做出選擇，並且相信自己有能力替自己的選擇負責。祝各位勇敢邁步，閱讀這本書讓你的人生無比精采。

——星合有限公司創辦人　**陳星合**

終於有一本書願意告訴我們，「叛逆」或許也是維持心理健康不可或缺的一部分。

——諮商心理師．作家　**許皓宜**

志恆老師告訴過我，每個人天生就有充分的能力活出自己想要的樣子，這是我們的權利也是責任。這本書不但給我們觀念，也有實際的步驟與做法，在走上自己道路的同時，妥善處理家人的過度關心或過度擔憂，也很重要。我和志恆老師一樣，離開預期的人生軌道、踏上自由工作之路，書中許多情境讓我反思自己的經驗，如果能早點具備這些心理建設，不知道有多好！

——自由作家 **劉揚銘**

無論父母以何種方式撫育我們，在我們身上留下了祝福或是束縛，我們還是可以、也有方法，照顧自己重新長大。

——大休息心理諮商所所長 **鍾國誠**

「人生，不要到了背負一堆責任後，才開始後悔。」電機科系畢業的我，到了三十五歲才開始轉換人生跑道，現在因熱愛而成爲一位親職教育講師。如果人生能夠倒退，我希望自己能夠像陳志恆老師書中所說的，在學生時代就叛逆一點、獨立一下、堅決一些，提早思考自我才能與找尋內心所要的，因爲——人生是自己要過的，不要到了背負一堆責任後，才開始後悔，被現實生活與社會期待的牢籠所囚禁，很難跨出此步伐。

——親職教育講師 **魏瑋志（澤爸）**

前言

好想勇敢做自己

二〇一七年底，《受傷的孩子和壞掉的大人》一書出版，裡頭提到許多我在從事心理助人工作時與青少年孩子們互動的故事。我觀察到，孩子的問題常常不是來自他們本身，而是身邊朝夕相處的大人壞掉了，尤以父母師長帶來的傷害最大。而當大人改變時，孩子就會改變了。

這本書問世後，引發大量的迴響，特別是高中生、大學生，也有剛步入職場的社會新鮮人，他們已經是「大孩子」了。他們告訴我，他們就是書中所描述的「受傷的孩子」，即使長大了，傷口仍未能完全癒合，隱隱作痛。更麻煩的是，我彷彿可以聽到他們以近乎求救的語氣呼喊著：

「至今，我仍受到壞掉的大人控制著，不能做我真正想做的事情。」

他們被綑綁在親人以愛爲名的控制之下，動彈不得。想要大膽衝撞，下場便是一次又一次的激烈衝突與情緒風暴。大人的期待是如此沉重，讓孩子承擔不起，更難以往前走向屬於自己人生的道路。

因此，我常在各種公開或私下的場合，被這些大孩子們問到：「我想追尋自己的夢想，但父母及家人反對，我該怎麼辦？」

我總會告訴他們：「現在你已經長大了，想要做什麼，如果不是違法亂紀，有誰可以攔阻得了你嗎？」

大孩子們會說：「可是，我無法不在乎父母及家人的感受呀！」

是呀！**眞正讓孩子無法獨立成熟，擁有人生主導權的，是一條無形的繩子，連結在孩子與家人之間，亦即親人間的情感綑綁**。因爲這條繩子，有的孩子必須自我犧牲以忠誠於家人、必須順服聽話以獲得情感歸屬、必須過度承擔大人的期待以感受到自我價值等。

在家人的情緒綑綁下，我們會覺得，勇敢做自己是一件背叛家人的事情，我們會覺得不顧家人反對去追逐自我實現會讓家人失望，我們會覺得，獨立自主就無法照顧到父母的心情了；因此，內心的罪惡感讓我們不允許自己眞正長大，持續停留在孩子狀態中，更別說去實現那些不被家人支持的夢想了。

然而，人類群體生命系統的運作，是持續往前走的，我們每個人都是生命系統中的一分子，也爲生命系統的發展與延續而服務。當你裹足不前，或總是回頭顧慮著家人時，正悖逆了生命系統交付給你的任務，你的人生不會因此活得比較好，對系統的發展也沒有任何好處。

因此，從系統發展的角度來看，一個人終將要脫離父母而獨立成熟，終極目標就是活出屬於自己的面貌，因爲自我實現而發光發熱，對生命系統的發展有所貢獻。

這麼說起來，所謂叛逆，實際上是站得住腳的舉動，而邁向獨立，也不需要帶著罪惡感。明白了這一點，這些大孩子們必須學習去面對與因應那些來自親人情感綑綁而生的痛苦，同時勇敢地去實現自己的夢想。

於是，我開始醞釀寫出一本書，能和大孩子們分享如何名正言順地叛逆與獨立，也就是有效斷奶。

二〇一八年五月，我受邀爲國立清華大學ＴＥＤ講座的主講人，講題爲「好想勇敢做自己」，與大學生們分享如何面對自己的夢想不被家人支持的困境。因為準備這場演講，我開始認眞構思本書的架構，動筆書寫，進而完稿出版。

在這本書中，我會與讀者分享如何面對想要做自己卻不被家人支持的困境，進而拿回人生主導權，邁向眞正獨立成熟的心法與技法。

除了一些實際上要掙脫家人情感綑綁的行動策略，包括堅定表達法、妥協證明法、保持距離法，以及得寸進尺法等（本書第四章），本書花費更大的篇幅聚焦在成為一個獨立成熟的人的心態準備上。

包括，看懂家人之間愛的流動是如何綑綁住你（本書第一章）；認識眞正獨立成熟的行為與條件、體認到你無法要求任何人支持你的夢想、確認你是眞心想要實現你的夢想、在大膽行動前做好個人內外在平衡的評估與準備（本書第二章）等。

另外，你也會在書中學習到幾個處理與家人或父母之間，剪不斷、理還亂的心理自助技巧，幫助讀者提升面對家人強力反對時的內在力量。這些技巧大多來自簡快身心積極療法及神經語言程式學（ＮＬＰ），除了我個人親身體驗過外，也大量用在助人實務工作中，效果良好。

《受傷的孩子和壞掉的大人》一書或許點醒了一些壞掉的大人，開始懂得自我維修；但是，受傷的孩子正逐漸長大，即將邁向人生的新階段，他們往往帶著傷，同時持續活在父母不合理的期待之下，而無法眞正獨立，必須長期處在孩子狀態中。

於是，他們也可能成爲下一個壞掉的大人。

因此，我有必要幫助這些痛苦中的大孩子，掙脫家人及父母的情緒綑綁，認清人類活著的目的之一，便是邁向獨立成熟。**當一個人能夠了無遺憾地獨立做自己，便能夠允許及尊重下一代用自己的模樣展翅高飛；如此，那些代代複製的無奈與痛苦，便能眞正地被劃下句點，而能給出下一代繼續往前走的力量。**

自古以來，邁向獨立成熟從來不是一件簡單的事情，卻是一件值得追求的目標。反觀我自己的成長過程，也不斷經歷「聽話」和「不聽話」這兩個選擇。在幾個重大的生涯抉擇中，有時候，我選擇聽父母的話，做個乖孩子；有時候，我選擇傾聽自己的聲音，但卻得承受父母失望的眼光。

我不是特例，我曾協助過的案主及周遭的朋友，以及許多不曾謀面的網友（透過網路告訴我他們的成長故事），都有著類似的際遇與掙扎。而或許正在閱讀這段文字的你，也深有同感。

因此，在本書中，你會閱讀到許多案例故事，某些經歷或許似曾相識，因爲你也有著類似的經驗。這些案例有的來自於周遭親友的陳述，有的則是我曾幫助過的個案或課程中學員的故事，爲了保護他們的隱私，在身分、背景及故事情節上，我都做了大幅的修改。

在你閱讀完本書後，除了更知道如何面對夢想不被家人支持的困境外，我衷心期待你能明白一件事：**是否要大膽追夢，獨立自主，一切取決於你，而不是別人**。終究，你得爲自己的人生負起完全的責任，當你願意自我負責時，那一瞬間，人生主導權已經掌握在你的手中。

目錄

推薦序　勇敢扛起屬於你的人生責任　胡嘉琪 002
推薦序　當他說，我學會了放棄　歐陽立中 006
專業領域的各方推薦 012
前言　好想勇敢做自己 016

第一章　覺察：那條看不見的繩子

1 面對夢想不被家人支持的痛苦 026
2 是愛還是礙？看懂家人之間的情感流動 038
3 總是回頭照顧家人需求的孩子 050
4 試圖保護家庭避免分崩離析的孩子 059
5 在內心否定雙親的孩子 070
6 深度理解是邁向改變的開始 081

第二章　準備：勇敢做自己的先決條件

7別傻了！你無法改變任何人 092
8面對夢想，你有多想要？ 103
9除非自己能支持自己，才有資格請求別人的支持 114
10別把得不到家人支持，當作不願勇敢向前的藉口 123
11整體平衡——面對人生的變動，你能接受嗎？ 132

第三章　蛻變：選擇只帶走愛，其餘的交還給家人

12邁向真正的獨立成熟 144
13每個人的人生只能由自己照顧 157
14把過度承擔的部分交還給家人 167
15帶著家人的愛往前走，一點都不能少 180
16練習自我強化，豎立人際界線 189

第四章　行動：掙脫家人情感綑綁的行動策略

17堅定表達：尋求理解與支持　204
18妥協證明：用時間換取空間　218
19保持距離：用空間換取情緒自由　230
20得寸進尺：促發能改變立場的實際行動　241
結語　除了你自己，沒有人能夠綑綁住你　253

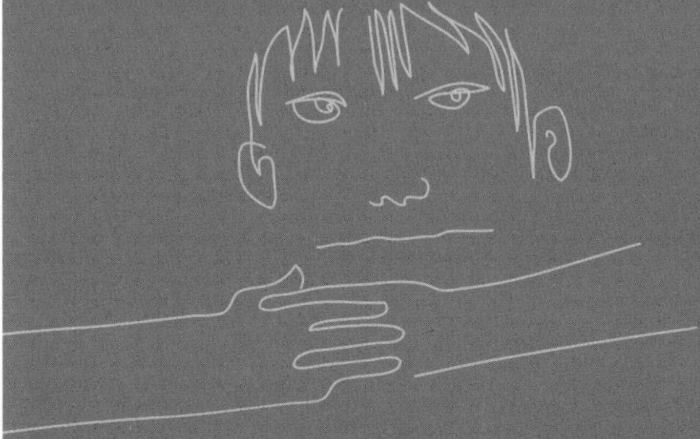

第一章
覺察：
那條看不見的繩子

1 面對夢想不被家人支持的痛苦

家銘最近很苦惱，與父母冷戰了將近兩個禮拜。

家銘在國營事業的資訊部門任職將滿六年。大學畢業後，苦讀了兩年書，經歷了幾次落榜的打擊，總算擠進了公職的窄門。三十歲左右，捧著人人稱羡的鐵飯碗，由於工作認眞，被單位裡視爲最可能升遷的潛力股。

然而，家銘卻萌生退意，近來常出現離職的念頭。原因是，日復一日的公職生活雖然穩定，卻常感到索然無味；雖然工作內容與自己的專長相符，不排斥也不討厭，但每天盡是到各單位修繕電腦、採購及更換資訊設備等，總覺得自己的人生不甘如此。

另一方面，家銘在網路上十分活躍，常在論壇或自己經營的部落格中回答網友各種電腦資訊的問題，人氣頗旺，甚至有幾家廠商前來洽談合作的可能性。家銘下班後便埋首網路中，分享簡易的電腦使用技巧，生活化又貼進大眾需求的筆觸，深獲讀者共鳴。

最近，幾位大學死黨三番兩次來找家銘，他們想成立一個資訊系統公司，希望借助家銘的資訊專長以及在網路上的高人氣。家銘覺得，自行創業承接客戶的案子，確實深具挑戰性，也相當吸引人，做得不錯，收入會比現在多更多。更重要的是，自己終於能夠在資訊領域一展長才。

家銘盤算著，如果要這麼做，非得將工作辭掉不可，才能專心投入公司的營運中，也能避免公職人員不得兼職的尷尬窘狀。想到自己可以脫離千篇一律的生活，做著自己眞正熱情的事情，同時有著豐厚的收入，心裡頓時雀躍不已。

家銘知道父母這一關不好過，將這念頭深藏心中半年多，最後鼓足勇氣開口與父母商量了。

「你確定要這麼做嗎？好不容易捧了個鐵飯碗，別人想捧都捧不著，你卻要放棄，以後一定會後悔的！」家銘的父母在退休前，都是小學教師，認爲從事公職薪水充裕又有保障，是祖先有積德，前世修來的福氣。

家銘告訴父母，自己會爲自己的人生負責，絕對不會後悔。

「我們分析給你聽，辭掉工作的風險太大了。雖然現在你的部落格經營得不錯，人氣也很旺，但是創業成立新公司和在網路上回應人們的問題是很不一樣的！」

「每個人在工作上都會遇到倦怠期，轉個念撐過去就好了。看你之前不是做得好好的，沒有必要覺得乏味了就辭職。像現在邊工作邊經營網路，不是挺好的嗎？有保障同時又兼顧自己的熱情，不是嗎？」

父母說的不是沒道理。然而，家銘告訴他們，自己不是工作倦怠，而是想要投入更有熱情的事情中，大顯身手。全職工作只會綁手綁腳，家銘不甘於自己的人生只是如此。而且，沒試過，怎麼會知道。

「你想想看，你還沒結婚，也還沒交往對象。頂個國營事業員工的頭銜，未來要找對象容易多了，別人也比較願意幫你介紹。沒個穩定工作，有哪個女孩子會想嫁給你。本來你行情看好，一辭職馬上身價大跌！」

家銘心裡氣憤著，我不需要你們幫我介紹對象，婚姻的事情，我可以自己處理。眼見與父母討論沒結果，只會越講越氣，乾脆不講了。

這幾天，母親找到機會便告訴家銘：

「你說你想辭掉工作的事情，我跟你爸擔心得不得了。我們都這把歲數了，可以不要再讓我們擔心了嗎？」

「我和你爸都退休了，家裡也沒有事業或多餘的家產，你把穩定的工作辭掉創業去，要是萬一將來失敗了，該怎麼辦？我們可沒有多餘的錢支助你。」

家銘心想，我的人生自己負責，不需要你們支助，退休金自己留著用吧！

母親見家銘總是面無表情，沒有回應，便使出溫情攻勢：「你不要怪爸爸媽媽不支持你，我們這麼做是不希望你受傷，是在保護你，我們是愛你的，你可以感受得到嗎？或許我們的觀念比較保守，但我們是苦過來的，知道在經濟上擁有安全感有多麼重要，當然也希望你可以安穩地好好過一生。」

其實，家銘完全可以體會父母的善意，也知道父母只是想保護兒子免於失敗或經濟匱乏的痛苦。但不知道怎麼著，這番溫情的話語，卻只讓家銘越感怒火中燒。

家銘不解地說：「你們辛苦地栽培我念書，期待的不就是要我可以大展長才，創造自己理想中的人生。怎麼現在我想展翅高飛，更上一層樓，你們卻阻止我了？」

家銘從小成績優異，高中時在全類組名列前茅，大家都看好他可以考取個名聲響亮的大學的醫學系或電機系。後來，家銘依興趣選讀了資工系，父母雖不很滿意，卻也還能接受。

爲了獲得父母十足的肯定與讚賞，家銘在課業上相當勤奮，每學期帶著書卷獎回家，換來的卻只是父母感到「還可以」的眼神。

畢業後，家銘索性立志報考公職。知道自己考取的那一天，家銘見到父母臉上好久沒出現過的笑容，那是一種發自內心對兒子的肯定與放心。家銘總算安心了，幾年來與父母之間的緊張關係，總算在這一刻煙消雲散。

「我們不是阻止你，也不求你的人生要多麼飛黃騰達，就只是希望你能夠過著有保障的生活，將來組個家庭，平凡安穩地度一生。」父母對家銘這麼說。

騙人！騙人！全都是騙人的！

如果當初不期待我很有成就，爲何我沒有選擇你們眼中的熱門科系就讀，就不願意肯定我？你們不就是希望我透過進入熱門科系以晉升人生勝利組嗎？

而現在，我想更進一步展翅高飛，你們卻又要我別飛太高、飛太遠，因爲太高、太遠很危險，在地平線附近就好。

此刻，家銘突然看清了眞相。原來所謂的展翅高飛，其實只能有一種姿態，就是父母期待中的那一種。

在兩種無法並存的渴望中來回穿梭——被認同 vs. 做自己

說穿了，家銘這一路走來，一直與父母之間有著矛盾的情感。一方面渴望獲得父母認同，另一方面又期待活出自己的樣貌。因此，每當面臨人生重大決定，或者進入人生不同階段時，家銘總會回過頭去看看父母的眼神，究竟是肯定的，還是失望的；是讚賞的，還是不安的。

會如此在意父母的評價與觀感，是因爲我們的生命來自於父母，生命力量最初的來源也是父母，因此，**我們天生便會用盡各種方式與父母保持連結。若能獲得父母的肯定與認同，內在與父母之間的那份情感連結，便有了安全感，在人生路上因而有了力量，也走得更爲踏實篤定。**

然而，當孩子漸漸長大了，當另一個發展需求「獨立自主」——想要擁有自己的人生主導權——逐漸浮上臺面時，卻不受到父母認同或支持時，孩子便會陷入痛苦之中，一方面「好想勇敢做自己」，但又擔心與父母之間斷了連結。特別是，父母不支持就算了，還可能會透過各種綑綁情感的言語，讓孩子的內心充滿罪惡感。

「我們這麼辛苦把你養大，你怎麼就不能聽我們的呢？」

「聽我們的不會錯，這一切都是爲你好，爸媽怎麼會害你呢？」

「我們年紀都這麼大了，拜託你別再讓我們擔心了，好嗎？」

「現在不阻止你，要是你搞砸了，我們一輩子都會良心不安！」

「如果你愛我們，就要聽話，好嗎？」

我們都很熟悉這種語言，是包裝在愛與關懷之下的情緒勒索，背後傳遞出更多的是恐懼與匱乏。於是，許多懷抱著夢想的年輕人，便陷入矛盾掙扎之中：「到底要順應父母的要求，還是豁出去闖一闖？」

代代傳遞的委屈與遺憾

我看過許多人，最終妥協於情感連結，畢竟，冒著與父母家人決裂的成本太高，不如就乖乖聽話，順從父母的安排，心裡盤算著，當過得不如意時，再把責任推給父母：「都是你們害的！」實際上，這是一種還處在孩子狀態，無法自我負責的行爲表現。

最終，這些人的內心總有著委屈與遺憾。一方面，總覺得自己爲了讓父母安心而犧牲自己，是父母虧欠自己，沒有滿足自己的需要；另一方面，又覺得自己的夢想沒有實現的機會，有著未竟的缺憾。**他們便可能在有了孩子之後，將這些積累心中已久的委屈與遺憾，不自覺地投射到孩子身上，也要求孩子聽從父母的安排，複製上一輩對待子女的行爲模式。**

過去我在學校裡擔任輔導教師時，常要處理親子關係衝突的問題。這些衝突常來自於孩子與父母在某個決定點上意見相左，僵持不下。印象中，有個孩子對目前就讀的科系興趣缺缺、欲振乏力，萌生了轉換跑道的念頭，但得不到家人的支持。孩子與父親的對話是這樣的：

「爲什麼我不能休學重考我想就讀的科系呢？」

「爲什麼沒事一定要休學重考呢？這樣就浪費一年的時間了。」

「可是，我對現在念的科目一點興趣也沒有，眞的很痛苦！」

「沒興趣？我看你是不夠努力吧！如果轉了跑道，又說自己沒興趣，難道還要重考嗎？」

「你眞的很奇怪，爲什麼總要對我這麼沒信心？」

「不是沒信心，我是擔心你的前途。我以前也沒念我喜歡的科系，還不是聽你阿公的話，撐著撐著就畢業了，現在才有能力養活你們，不然你們要怎麼長大、怎麼讀書？」

「你是你，我是我，你要聽阿公的話，不代表我也得這樣子呀！」

「別說了，你給我繼續讀下去就對了！」

父親轉過頭來看著我，說：「老師，我是不會答應他重考或轉學的，我決定的事情，找誰來講都沒用！」

類似的對話情境眞是多到數不清，或許，**在這些盛氣凌人的大人心底，埋藏著這樣的小劇場：「如果我沒辦法主導自己的人生，那麼，我總可以要求我的孩子聽我的話吧！」**

這是把孩子當做自己個體的延伸的一種觀念，使得一代又一代都被綑綁住，都無法眞正地獨立自主，而只能透過期待與要求下一代做什麼或不做什麼，來滿足擁有人生主導權的需求，充其量，自己也是個未能充分長大的成人罷了！

我認爲，一個眞正成熟的人，是能夠「自我決定」與「自我負責」的。也就是，**清楚知道自己要的是什麼，同時勇敢地成爲那個心目中理想的自己，並爲一切後果負起完全的責任**。不論結局是好是壞，都是自己的選擇，不該要求別人來爲我們負責，或照顧我們的人生。

追求獨立時無法避免的痛苦——家人的情感綑綁

實際上，當你成年後，如果想要去做一件事，是沒有人能夠攔得住你的，難不成，你的家人能用繩子把你綁住嗎？問題是，我們身上確實綁著一條看不見的繩子，那是家人之間愛的連結，聯繫起家庭成員之間的情感，也綑綁住個別家庭成員獨立自主的可能性。

於是，要邁向眞正的成熟，常常無法避免地得面對親人情感綑綁的考驗。

因此，所謂「獨立自主」或者「做自己」，從來不是一件容易的事情，光是要擺脫這條無形繩子的綑綁，就得用盡全力，而多的是臣服在這條繩子之下，最後，也認同這條繩子，心甘情願地被綑綁，甚至用這條繩子去綑綁住自己的下一代。

當你正被困在夢想不被家人支持的痛苦掙扎時，你得知道，實際上讓你痛苦的，是那條看不見的繩子。因爲，在這條繩子上，摻雜著愛與恐懼等矛盾卻同時並存的成分，讓你在追夢的過程中，時常心生罪惡、恐懼、信心不足且匱乏無力。

解套的第一步，就是承認這份情感牽絆的存在，並且看懂它的運作模式，以及對你的影響。你明明知道沒有任何人能夠綁住你，但你仍然裹足不前。那是因爲，你還沒看懂家人之間的情感流動是如何運作，透過這條看不見的繩索，把你牢牢綁住，動彈不得。

唯有你眞正看懂與充分理解，才有可能擺脫這些情感束縛，獲得眞正做自己的自由。

2 是愛還是礙？看懂家人之間的情感流動

家人對你的影響有多大？大到不可思議！

剛進入大學念書時，記得有一門課叫做「生涯發展與規畫」，教授要我們寫一份自己從此刻到未來的生涯規畫書。

十幾年後，我為了準備演講，翻箱倒櫃將那份手寫的作業給挖了出來，認真地讀了一遍，驚覺，當時我為自己規畫的，根本不是自己的人生。

取得高學歷、完成學業、找到一份穩定的工作（最好從事公職）、結婚生子、投資理財、存錢買房、退休、遊山玩水、含飴弄孫……——這根本就是我父母期待中的人生嘛！

「包工程的人生」是你想要的嗎？

這樣的人生進程，我從小聽父母說到大，每個階段都有重要任務得完成，彷彿當這些事情一一達標時，人生就會一帆風順，直至終老。我表弟把它戲稱爲「包工程的人生」，逐步完成SOP上的每一個步驟就是了。

過了十幾年再回首，我沒有照著當初的規畫走，至少這十幾年間是如此。我曾進入穩定的教職，但我也辭掉這人人羨慕的鐵飯碗，我差點過著父母期待中的理想人生，但我也決定偏離當初設定的軌道。

影響我們如何規畫自己的生涯，最大的因素便是家人長輩的期待。在長輩當時的時空環境下，有著一套人生勝利方程式，照著公式走最穩當，萬無一失。那是他們從那個年代中學習到的生存法則。

曾幾何時，時空遞嬗、物換星移，這套方程式，已不適用新時代了。或許不是不適用，而是這個世代的年輕人，有著更多的機會與自覺去發展自我，長成自己想要的樣貌。於是，世代間的衝突便時常浮上檯面。

我們會透過模仿父母或內化父母的價值觀來表達對父母的愛與忠誠，就這樣，無意間將父母的觀念與好惡，複製到自己身上。因爲時代與情境的變遷，上一代的那一套在新時代往往行不通，當我們企圖採行一些與父母長輩觀點相違背的事情時，便會激起長輩的焦慮與不安，而我們的內心也充滿矛盾衝突。

當下一代把過多力氣消耗在上一代時……

關於家人之間的情感流動，我受「簡快身心積極療法」的創始者李中瑩先生影響頗大，而他對於生命系統的觀點，則與海寧格家族系統排列的理論密不可分。

在李中瑩先生所著的《簡快身心積極療法》一書中，提到生命系統的運作與延續，依循著兩個重要原則，一是「下一代比上一代更有資格活下去」，二是「下一代比上一代更有力量把生命傳承下去」。如此，生命系統是朝向新生命的方向前進與發展，每一代最重要的任務，便是支持下一代把自己的人生活好，讓系統能夠持續前進與壯大。

然而，若背逆了這個系統發展的方向與原則，**下一代把過多力量消耗在上一代身上時，便會讓系統中相關的成員活在辛苦與疲累之中**。若沒人能夠看得懂系統裡發生了什麼事，大家便會持續痛苦著，甚至讓這份苦難代代複製。

在我曾服務過的青少年孩子身上，常見到各種千奇百怪的問題，從偏差行爲到身心疾病都有，常與家庭系統的問題有關。一位就讀高中一年級的女同學因爲逃家，被轉介到我面前。

她告訴我，她一直很想離家。有個大她八歲的男生，承諾要娶她，給她一個溫暖的家庭生活，這正是她從小到大渴望著的。她說：「我男友沒什麼經濟能力，但是很愛我；雖然脾氣不太好，但會願意花時間哄我；我對我男友有信心，相信我們在一起，即使日子過得苦，但未來一定會更好！」

見她說起男友，臉上泛起甜蜜的笑容，那是熱戀中的神情。我好奇地問：「是什麼讓妳如此想要離家呢？」

她說：「不知道爲什麼，我從小就認爲自己不屬於這個家庭，一旦有機會，就很想離開。」她特別提到她的母親：「我眞的很受不了我媽！」

原來，她的母親在很年輕時就因爲非預期懷孕而進入了婚姻。結婚後，相當不受婆家歡迎，而丈夫又是個不務正業、暴躁易怒的人，也常跟著自己的家人嫌棄太太，甚至時常拳腳相向，女孩的母親因此一直活在委屈之中。

當女孩慢慢長大時，母親便常向女孩吐苦水，女孩從小則扮演一個傾聽及安慰母親的角色。只是，母親有時候又常對著女孩說：「要不是因爲妳，我就不用跟妳爸結婚，人生就不用過得這麼痛苦了！」這讓女孩體會到：「是我的存在害得母親如此痛苦。」爲了與母親保持情感連結，她無意間承擔起母親的情緒責任了。

因此，女孩繼續承接母親的痛苦，體貼地照顧母親的委屈，另一方面又覺得自己的存在不被認同，長期處在這矛盾中，暗自期許：「如果有機會，一定要趕快離開家，找到一個能有歸屬感的地方！」而當眼前這位大他八歲的男生出現時，正是她採取行動的時候了。

這個女孩，就算離開了家，仍然是沒有辦法把自己的人生活好的。爲什麼呢？因爲，在她的原生家庭中，她過度承擔了母親痛苦命運的責任，小時候透過陪伴與傾聽，照顧母親的情緒，長大了，也不會允許自己的人生過得太好，因爲，這樣就背叛了辛苦生養自己的母親。

而母親傳遞的矛盾訊息，一再地讓女孩反覆出現「無資格感」的心理狀態，因而期待一個最終的救贖者出現，反而複製了母親的痛苦人生——在不成熟的狀態下選擇了配偶而進入婚姻，期待配偶照顧自己的人生，這只會讓彼此的關係充滿緊張或衝突，若有了孩子，也可能開始向孩子吐苦水，就像女孩的母親一樣。

在這個案例中，我們看到，一個缺乏另一半支持的母親，沒有能力照顧與處理自己生命中的遺憾及委屈，孩子便可能承擔起這份責任，把自己的力量過度消耗在上一代身上，而沒辦法讓自己的生命活得精采。一方面急著向外跑，實際上對母親卻有著牽掛與矛盾的感情。

女孩說：「其實，要離開家，我對母親是充滿罪惡感的！」

當孩子需要因應上一代的匱乏與恐懼時……

或許，不是每個家庭都像上述案例如此特殊，但是每個人的成長過程中都有一些遺憾與未被滿足的需求，特別是，上一代的長輩生長的環境與條件，帶給他們很多「匱乏」與「恐懼」，於是常把這樣的情緒狀態帶到下一代新組成的家庭中，不自覺地透過主導著孩子的命運來因應自己的不安，也拿走了孩子勇敢向前的力量。

身為子女，為了應對上一代的情緒壓力與主導，會發展出一些因應模式，阻礙自己把自己人生活好，邁向獨立成熟。當試圖追逐自己的夢想時，常會裹足不前；就算已經走在實現夢想的路上了，也常感不安，內心少了一份力量，容易萌生放棄的念頭。這些因應模式包括：

（一）**試圖分擔父母的痛苦**：這樣的孩子，從小便具備察言觀色的能力，總能貼心地滿足父母的任何要求，當父母難過時，會傾聽父母的滿腹牢騷，會安慰父母的情緒感受。當孩子擔任起父母的照顧者的角色時，便從孩子的位置轉移到大人的位置了；長期下來，這樣的孩子會提早長大，過度承擔家中的辛苦與責任，為的就是能夠解救父母生活上的難過與痛苦。

（二）**試圖代替父母解決問題：**最常見的，是孩子透過自我破壞的行爲，例如課業學習表現不佳、網路成癮、同儕衝突、偷竊、作弊、打架鬧事……等問題行爲，或者出現情緒困擾與身心疾病，讓處於婚姻衝突中的父母，不得不轉移注意力到孩子的身上。一方面，暫時舒緩了雙親之間冷戰衝突的壓力，另一面，更促成了雙親合作關心孩子的假象。因爲，當孩子看到父母處在一起共商如何幫助孩子時，便感到安心了。這便是孩子透過問題行爲或身心疾病，試圖代替父母解決雙親之間的感情問題。

（三）**不允許自己過得比父母好：**在長期受到上一代情緒勒索下的孩子，內心常帶著罪惡感，認爲是自己的存在讓父母過得不好，因此常一種「沒有資格好好活著」的心理狀態。此刻，孩子便會認爲，如果自己的人生過得順遂，便是背叛父母，唯有像父母一樣受苦，才能對得起他們。因此，許多孩子會複製上一代的悲慘命運，父母婚姻不幸福，孩子的婚姻也不幸福、酒癮的父親有著酒癮的兒子，甚至連身心疾病也跟著複製了，像是罹患憂鬱症的母親有著憂鬱症的女兒。

（四）不斷證明自己是夠好的孩子：每個孩子都期待獲得父母的認同。一個自我價值感低落的父母，常常不知道如何給予孩子肯定與讚賞，甚至會透過許多干涉與控制來證明自己身為父母的重要性，同時對孩子釋放出貶抑和批評的訊息。而有些孩子為了獲得父母的肯定，會拚命做出各種符合父母期待的事情來獲得父母的認同，以證明自己是足夠優秀的孩子。這些「乖孩子」，不會有太多個人的主見；「聽話」以讓父母放心，是他們的行事準則。一旦有了獨立自主的念頭時，內心的衝突便會令他們痛苦萬分。

（五）在內心裡否定父母：「哼！我沒有這樣的爸爸／媽媽！」我常聽到孩子說出這樣的話語。有的孩子生長在高度情緒風暴、父母高控制或長期疏忽照顧的家庭中，常會對自己的父母滋生恨意，在內心裡否定自己的父母，也就是不接受自己的父母，不願意在心中給父母一個該有的地位。然而，我們的生命來自父母，不接受父母，就是不接受自己的生命，當然在往前發展自己的人生時，會少了一份來自父母愛與支持的力量。

自己的人生只能由自己照顧

當我們看懂了家庭互動如何影響我們時，我們便會知道這些難以鬆動的情感綑綁的來源，也知道自己要站在什麼樣的立場與角度來因應這個困境。當你想眞正做自己，在做出任何行動前，請先體認到，生命系統的運作法則提醒著我們幾個重要的觀念：

（一）**每個人的人生只能由其本人照顧：**自己的人生自己照顧，你自己的如此，父母或家人的也是如此。即使成長過程中，受到再多父母或家人的情緒綑綁，儘管傷痕累累，內在匱乏無力，當你長大後，就有責任把自己的人生活得精采成功。回頭去看清楚家人的情感流動如何影響我們，是要我們去理解發生了什麼事，而不是找到難以勇敢前行的藉口。

（二）**每個人都有責任把自己的生命活好，讓系統有效延續：**我們的生命來自父母，一出生，便對父母是虧欠的，因爲再怎麼做，我們都無法回報或償還這份虧欠。因此，回報父母最好的方式，便是充分地發揮自己的生命價值，支持生命系統有效延續，讓生命系統中的成員以及下一代能得到充分支持。因此，充分活出屬於自己的獨特樣貌，將是人類終其一生都該追求的目標。

（三）**把上一代的責任放心交還給上一代**：上一代往往因爲成長過程中的遺憾與沒被滿足的需求，轉化成對子女家人的情感綑綁，不允許孩子勇敢做自己；而做孩子的，爲了能與父母的情感連結，也不敢放心地展翅高飛。然而，我們必須相信，一個人既然出生在這世界上，都是有能力也有責任照顧自己的。請將上一輩的責任交還給他們，我們可以關心，可以在意，但不需要過度承擔而自我犧牲，因爲，他們也得爲自己的人生負責。

（四）**放棄改變你的家人，你只能改變你自己**：看懂了這一切，無非就是要你放棄改變你的家人。一個人永遠無法改變另一個人，能改變的只有自己。當你期待你的家人改變，從反對到支持你的夢想時，你的家人也期待著你早日「覺悟」，捨棄你的「春秋大夢」。當我們都期待對方改變時，是不會有人改變的，而雙方只會繼續僵持在緊張與痛苦之中。而當你願意做些事情改變自己時，不知不覺中，你會發現，周遭的人也會因你的改變而不同。

3 總是回頭照顧家人需求的孩子

我的前一本作品《受傷的孩子和壞掉的大人》出版後，陸續獲得許多讀者的迴響。很多學生或剛步入社會的年輕人說，自己就是那個受傷的孩子。特別是在讀了第一部分「受傷的孩子與渴求愛的靈魂」這個章節時，更是從許多案例故事中看到自己的身影。

孟伶爲此前來聆聽我的課程，並與我在課堂上有一些互動。她告訴我，當她閱讀了書中的內容時，才驚覺自己從小到大總是在照顧父母及家人的需求，而無法活出自己的人生。

孟伶目前三十五歲，做了好幾年的保母，大學畢業後，就待在家裡幫人帶孩子。除了帶別人的孩子外，也幫哥哥姊姊們照顧孩子，讓兄姊可以無後顧之憂地去工作。

被幾個孩子綁住常令孟伶喘不過氣來，父母總會說：「哪有工作不辛苦，何況，妳又沒有哥哥和姊姊會賺錢！」

孟伶聽了心裡不是滋味，但也無法反駁。她常告訴自己，能爲家人付出是件幸福的事情，但心裡總覺得這不是自己想要的人生。

到了適婚年齡，父母曾急著幫孟伶找對象，但孟伶被保母工作給綁著，也沒多餘的時間去約會——或許，心裡也放心不下兄姊的孩子沒人帶吧！就這樣一年拖過一年。

直到最近，兄姊的孩子逐漸長大，孟伶比較有時間可以往外走。她去參加一些課程，試圖擴大自己的視野。當社交範圍開展後，認識了更多人，也遇到了令她心動的對象。

她描述，對方是個外型及個性皆忠厚的男生，年紀大孟伶十歲，曾經有一段婚姻，與前妻離婚後，獨自帶著一個五歲大的男孩生活。孟伶被對方的成熟穩重吸引，不久之後，兩人展開交往，甚至有了更長遠的結婚計畫。

幾個月後，孟伶開口向父母提起這位男生，並說到兩人有結婚的打算時，父母異口同聲地說：

「我們寧可妳一輩子嫁不出去，也不讓妳嫁給離過婚的男人！」

「妳也不想一想，這樣傳出去多難聽？」

「對方還帶了一個孩子耶！妳不就成了後母了嗎？妳不可能幸福的！」

「我們當然希望妳幸福，但是，我們是爲妳好，難不成會害妳嗎？」

爲了證明對方是個値得託付終身的對象，孟伶特地安排了父母與對方見面。但不見面還好，一頓飯局下來，這位男生被孟伶的父母百般挑剔，事後挫敗地對孟伶說：

「沒辦法獲得父母祝福的婚姻是不會幸福的，我看，我們還是就算了吧！」

「難道就要這麼放棄了嗎？」難過之餘，孟伶想到，從小到大，自己有好多願望，都因爲父母的反對而放棄了，而這一次，實在不想再如此「聽話」了！

「我決定了！我不要再當個聽話的孩子了！這是我喜歡的男生，我的幸福要自己去爭取。而且，我也不要繼續在家裡當保母、帶小孩了，我想要去學外語，我想要讓人生有些其他的可能性。」

她告訴我：「我發現，原來當乖孩子的代價，便是自我犧牲！」

當乖孩子的代價，便是自我犧牲

孟伶國中時，父親因車禍重傷而不良於行，長期在家休養，孟伶便承擔起照顧父親的重任。哥哥姊姊到外地讀書，孟伶國中畢業則在家人建議下，就讀家裡附近的高職夜校，白天可以在家照料父親的起居，等母親工作回來後，才出門去上學。

家人常說：「反正妳的功課也不好，就混個學歷就好了。」

高職畢業後，孟伶繼續念四技的夜間部，和高職一樣，都是在家裡附近，念的也都是幼保科。畢業後，理所當然地在家裡做起保母的工作，幫社區居民帶小孩，貼補家用。

孟伶的哥哥姊姊都到外地念大學，畢業後便在外地工作，接著，進入婚姻有了孩子。因爲忙於工作，便把孩子丟回家裡給孟伶帶。他們說：「反正帶孩子是妳的專長，也不差這一兩個！」孟伶只能默默接受。然而，保母的工作究竟不是孟的興趣，但家人總會說：「妳不幫忙帶，那妳哥和妳姊的孩子要怎麼辦？」

就讀四技的時候，孟伶在學校裡工讀，存了一點錢，打算去參加坊間的外語課程，幫自己的職涯拓展可能性。當時，哥哥因為創業遇到困難，需要現金周轉，母親便要求孟伶把她的存款拿出來資助哥哥，她也是聽話地把錢交給哥哥。家人告訴孟伶：「反正妳畢業後就是在家當保母，何必學什麼外語呢？」

這句話聽在孟伶耳裡有些刺耳，但孟伶想到自己有能力幫助到家人，便自我安慰自己其實挺重要的。

孟伶說：「其實，一直以來，幼保根本不是我的興趣。我很早就知道，自己喜歡的是外文。但是，家人總是說我頭腦不好，讀外文肯定念不下去。甚至，當我課業表現得不錯時，內心總有份衝突，我想著自己應該有能力轉換跑道，但又想起父親沒人照顧，家裡的經濟困難，罪惡感油然而生。」

孟伶是個典型的為了照顧父母及家人需求，過度承擔起家人的責任，因而需要自我犧牲或放棄自己願望的孩子。家人常說孟伶的功課不好，暗示著孟伶也別奢望有什麼夢想，孟伶也就如此接受了：「當大家都說我書讀不好，好像，我就眞的不能把書給讀好了！」

或許，她也不允許自己把書讀好，她得用這種方式來說服自己，乖乖地留在家裡照顧家人。長久下來，孟伶的自我價值都建立在能爲家人付出與奉獻上，但卻累積了好多的委屈與不甘。

家庭穩定的背後，常有犧牲者持續犧牲

而這個家，卻因爲有了孟伶這個聽話又自我犧牲的角色，取得了某種平衡及穩定。爲了讓這樣的平衡穩定持續，所有的家庭成員會有意無意地要求孟伶繼續扮演這樣的角色，而讓孟伶更無法活出自己想要的人生。自幼，孟伶的前額彷彿被貼上一張符咒，限制了她的行動自由度；她也逐漸內化了家人的期待與要求，認爲照顧家人需要就是自己該負的責任，不允許自己有其他的聲音。

事實上，任何系統都要不斷經歷變動的，家庭系統也是如此。而系統裡的每個成員，都需要去適應變動而做出相對應的調整，以讓系統回到穩定狀態，接著再去因應下一個變動。

當一個家庭系統遭遇危機時，爲了因應危機，總會有個家庭成員跳出來，暫時承

擔起讓家庭系統回到穩定的責任。**爲了解救家人，這個人通常得暫時地自我犧牲。漸漸地，爲了讓系統的穩定狀態持續，其他成員常會要求這個承擔家庭壓力的解救者，繼續自我犧牲，甚至認爲這就是常態。如此一來，其他人都可以不用改變，而整個家庭也都會繼續維持在穩定狀態之中，每個人都可以活得很舒服。**

因此，幾年過去，即便時空環境已經不同，孟伶的家庭仍然習慣安處在過去的穩定之中，每個人都依然把孟伶視爲家中那個需要照顧大夥兒需求的人，並視爲理所當然，甚至連孟伶都如此自我認定而不自知。

持續衝撞，把自己從自我犧牲的角色中解救出來

而現在，孟伶不想繼續當那個凡事聽話的孩子了。她需要爭取獨立自主的空間，她說：「這個家是大家的，憑什麼只有我在犧牲；大家都能爲了自己的理想去努力，而我卻只能待在家裡支持大家完成夢想！」

「只是，每當這麼想時，我便有一份罪惡感存在，好像在咒罵著我：『妳不應該

就這樣拋下家人的需要！』」

當孟伶能夠看懂，長久以來家庭成員之間的互動方式，以及意識到自己持續扮演著過度承擔的角色時，我是爲她感到欣喜的。

然而，另一方面，她還有長遠的路要走，這條路會荊棘滿布、崎嶇坎坷。因爲，她得面對自己的夢想與決定，難以獲得家人支持的困境，畢竟，家人仍然活在過去的穩定中，不想接受任何改變。同時，還要面對內心裡想要獨立自主，但又愧對家人的矛盾衝突。

「我現在懂得做出一些反抗！」孟伶說：「我正在練習，在生活中的小決定裡，爲自己爭取一些主導權，不再那麼聽話了！」

我好奇地問：「那麼，妳的家人有什麼反應呢？」

「超級難以接受的呀！」孟伶表情誇張地說：「什麼難聽的話，都說得出來，就是要讓我感覺到愧疚就是了！」

「那妳怎麼辦呢？」

「繼續衝撞囉！」她笑著說：「我知道我無法改變他們，但我想透過自己的改變，讓他們知道，我只是暫時承擔起照顧家人的責任，但我不能永遠回頭顧慮著他們。**我有我的人生要過，而他們的人生，也得由他們自己去照顧。**」

她用輕鬆的口吻說著，但我知道這過程一點也不容易。

雖然，孟伶仍然在家做著保母的工作，但現在，她會撥出更多時間去參加外語課程，花更多時間閱讀，以及，參加心理成長的課程。同時，她與男友持續爲了步入婚姻而做著各種規畫與打算。

她知道，無論在生涯或感情上，要得到父母或家人的支持也許很難，**但如果現在什麼都不去做，改變是不會發生的。**

4 試圖保護家庭避免分崩離析的孩子

好友新居落成，你與一群朋友前往拜訪，增添人氣。

大夥兒酒足飯飽後，開心地聊著。過了一會兒，略感無聊，好友提議，來玩點刺激的遊戲吧！他從房間裡搬出一盒積木。

「哇！是疊疊樂耶！」你瞪大眼睛，心想，好久沒玩了。

「輸的人要接受懲罰喔！」有人說。

「好呀！怕什麼？」大夥兒附和道。

不一會兒，眾人七手八腳地把一塊塊散落的積木給疊成高塔。「剪刀、石頭、布！」決定了順序，便開始抽積木的流程。

眼見每個參與者都屏氣凝神，依序抽出積木，再放到塔頂，高塔仍屹立不搖。

輪到你時，你仔細觀察，小心翼翼地抽出看起來最「無害」的那塊積木。當積木被抽出來的那一刻，高塔搖晃了幾下，停了下來，你鬆了口氣。看來，情勢越來越緊張了！

接下來的夥伴，都在驚險中度過，很快地，又輪到你了。你陷入苦思，左看右看，每一塊積木之間是如此地緊緊相依，甚至，只要稍微動一下，高塔可能就此崩塌。你再一次，來回觀察了積木之間堆疊的結構與次序，找到了一塊積木，準備從它下手。

你先輕輕地敲敲它，只見高塔搖晃得很厲害，你縮手了，行不通！

「快一點啦！」「還要等多久？」大夥兒開始鼓譟。

你深呼吸，再次尋覓出路，找到了另一塊積木，打算動手。你調整姿勢，試著從不同角度把積木抽出來，才輕輕碰觸，高塔又搖晃起來。你抱著頭，陷入了膠著之中。

大家應該對「疊疊樂」這個益智遊戲不陌生。積木以交錯的方式拼疊起長柱狀，參與者輪流抽出積木放到頂端，繼續堆疊，直到高塔垮掉，垮在誰的手裡，誰就是輸家。

現實生活中，有許多的孩子，常在家庭裡扮演著「走不得」的角色，努力地守在那裡，撐住那脆弱不已，如風中殘燭的家，他們是家庭的保護者。他們正是那塊「抽不得」的積木，一旦被抽離，一切就毀了！

如果我走了，這個家就垮了

尚平是個在工作上十分認眞的年輕人，在家裡附近的一間公司任職，擔任行銷企畫。工作之餘時常透過進修，充實自我，也累積了不少人脈，受到不少前輩的賞識。這幾年，陸續有幾位在大公司擔任主管職的朋友，邀請他一起合作。有位管理顧問公司的負責人，特別欣賞尚平，持續力邀尚平北上，希望尚平能進入他的公司任職，必有一番作爲。

大好機會送上門來，尚平是求之不得。然而，就算再心動，很快就在心裡打消念頭。因爲，他總覺得自己動彈不得。原因無他，尚平說：「如果我走了，這個家就垮了！」

我與尚平是在一個心理成長的專業研習中認識的，我們在那堂課中是同學，課餘時間的閒聊，尚平向我訴說他的現狀。

尚平是家中的老么，姊姊大她十幾歲，已經結婚多年，過得並不幸福，常遭到丈夫言語或肢體的暴力對待，這令姊姊出現焦慮及憂鬱等問題，需要定期跑醫院的身心科就診。但眞正讓尚平心煩的，是姊姊與媽媽一直處在極度緊張的關係中，時常爲了小事爭吵。媽媽的情緒不穩定，焦躁、不安、多疑且易怒，而姊姊也不遑多讓。

姊姊每次在夫家受了委屈後，便衝回娘家避風取暖。母親非但沒有安慰姊姊，還常對姊姊碎碎唸，數落自己女兒的不是，最後兩個人便吵了起來。一番衝突後，母親便來找尚平訴苦，要尚平去勸勸姊姊。只是，每當尚平與姊姊對話，面對姊姊歇斯底里的情緒狀態，完全無法溝通，也令尚平洩氣不已。母親的身體不好，尚平爲了不讓母親擔心，仍然盡力向姊姊傳達母親的擔憂與看法，當然也招來姊姊一頓怒罵。

只能繼續盯著家人看

尚平這幾年一直想往北部發展，他知道，這種好機會不是天天有，稍縱即逝，錯過就可惜了。而那些朋友邀約他從事的，也正是他相當有興趣的工作，他實在不想錯失良機。然而，尚平卻一直沒有採取積極的行動。

「我覺得，家裡需要我。」尚平說。

「爲什麼這麼覺得？」我問。

「現在的我在家中，可以當母親和姊姊之間的緩衝器，她們兩個衝突時，我可以居中調停。母親和姊姊，一個是身體不好，情緒不穩，一個是婚姻不幸福，精神狀況也令人擔憂，她們都需要我的照顧。母親也期待我多幫忙姊姊，說她沒辦法照顧自己。而我也擔心我離開後，母親會垮掉，姊姊已經婚姻不幸福了，更會孤立無援吧！」

尚平的父親早逝，在尚平十歲時就因病過世。尚平對父親的印象不深，只記得父親在病榻上曾對尚平說：「你是家中唯一的男生，要照顧好媽媽和姊姊。」這句話，一直記在尚平腦海中。每回興起了要到北部闖天下的念頭，又想起父親的那番話，心裡中便有了罪惡感。

「在我內心裡，我常感覺到母親一直盯著我看，我希望她能多看姊姊幾眼，或直接看著她，不要把目光一直放在我身上，壓力好大！」

「那麼，你看向哪裡呢？」我順著問。

「我好像一直盯著母親和姊姊，來回看著。」

「如果把眼光轉而看向未來，看向你要追求的目標，會怎麼樣呢？」

「我不敢看，不敢想，我好像只能繼續盯著我的家人。」

用一塊抽不得的積木保護著整座塔

這份內在的意象，呈現出尚平與家人之間的關係。

我能感覺到，他承擔了整個家庭興衰的重任，肩頭的壓力勢必不小。而就家庭的序位來看，尚平身為兒子，卻似乎取代了父親的位置，成了需要支持太太同時照顧女兒的角色。

事實上，他只是個孩子，他有他的人生要過，他必須把自己的人生過好才行；然而，現實是他必須同時照顧到家中兩個脆弱的人。於是，長久以來，只好把自己的夢想給擱著了。

「我也很想勇敢地追逐夢想，只是，我很擔心我一離開，我們家就完了！」

「最壞的情況會怎麼樣？」

「不知道！我不敢想，會很慘就對了！」

尚平就像疊疊樂益智遊戲中，玩到最後那些「抽不得」的積木，撐在那裡維持著塔柱的平衡，雖然搖搖欲墜但不至於崩塌。尚平家裡的人口雖簡單，但尚平的存在卻發揮著讓家庭穩定的功能。尚平若離開，他的家庭是否因此崩解，不得而知。但可以確定的是，在尚平的想像中，自己正是一塊抽不得的積木，一離開，這個家也將支離破碎。

「我想，你過度承擔了照顧這個家的責任了！」我拍拍尚平，告訴他：「一方面，你擔負起過世的父親的責任，成了母親的情緒伴侶，支持著母親；另一方面，你又過度承擔了母親的角色，成爲她的女兒，也就是你姊姊的照顧者。」

尚平靜靜地聽，我繼續說：「你的母親無力管教她女兒，便期待你能代言。但是，她的女兒卻是你的姊姊，你當然無法代替母親去教訓她；就算只是傳話，因爲家庭成員序位的錯亂，你也會常感挫折。」

「另一方面，母親的身體狀況不佳，又讓你總是放不下心，因此母親說什麼，你就會盡力照辦。而當你代替母親做得越多，母親便越失去她該有功能了，而有很多事情，本就該由她自己來做的呀！」

尚平上過一些心理成長的課程，對家庭系統的運作並不陌生。當我這麼一說，他就明白自己的處境了。

回到本屬於自己的位置上

我看過不少年輕人，心裡有著追求夢想的欲求，但內心卻缺乏一份力量。雖然在生活中一直接觸著與自己夢想有關的事物，但就差那麼臨門一腳。那是因爲，他們是一塊抽不得的積木，他們正在家庭中扮演著保護者的角色，努力支撐著家庭，避免家人的情感分崩離析。

如果你告訴他們：「勇敢走出去吧！」

他們會告訴你：「沒這麼簡單！」

確實，這一點都不簡單。如果他們離家了，會從人人都需要他們的家庭英雄，突然間成了千夫所指的家庭罪人。他們不知道會得到多少「不孝」「自私」「只想到自己」的罵名。而這每一句話，扎扎實實都是情緒勒索。

於是，他們動不了。

長期以來，他們扮演著家庭危機拯救者的角色，因此獲得家庭成員的需要，也在這樣的角色中感受到自己的重要性，建立起自我的價值。一旦離開，內心必感空洞，伴隨著背叛家庭的罪惡感，帶著這樣的痛苦前行，太累了！

然而，如果這個家庭的保護者，持續扮演著同樣的角色，而沒辦法過著屬於自己的人生，整個家庭的能量也會一點一滴地被虛耗光。長期而言，沒有人會過得好。

因爲，**家庭裡眞正的問題沒有被正視，只是被隱藏在一個強者的庇護下，而家庭**

中該負起責任的人沒有負起責任，只會用讓自己「變得更加無能」的方式，緊抓著保護者，讓他得付出更多時間與力氣。

此刻，唯有每個人都能夠意識到自己的責任，回到本屬於自己的位置上，發揮各自角色的功能，生命系統才能夠持續前進與發展。

一個人的改變，造就彼此的「各就各位」

「所以，你需要離開，脫離這個保護者的角色，去活好屬於你自己的人生。」我對尚平說：「這樣對你自己，以及你的家庭，才是眞正的好。」

「當你離開時，不但可以去圓夢，更能直接將照顧姊姊的責任交還給母親。」

「可是，我擔心她做不來……」

「你得信任你的母親。母親既然能把你和姊姊生下來，自然有責任和能力做好母親的事情，你不該奪走了她的身分，替代她的角色。請做回你自己，就只當一個兒子就好，當一個弟弟就好，這才是對母親及系統的尊敬呀！」

當積木塔杜崩塌了，該怎麼辦？如果還想繼續玩，就將散落一地的積木重新堆疊，讓它們各就各位。

家庭崩解了怎麼辦？危機就是轉機，趁此刻讓家庭成員各自回到自己的位置上，承擔起自己的責任，做好自己的事情。一個人動起來，其他人就會跟著動起來。因爲家庭中的每個成員，都會很自然地彼此補位，在能量的流動中，再找到新的平衡。

我曾經看過一位母親，長期爲孩子在學校中屢出狀況而深感頭痛。有一天，她狠下心來神隱一陣子，讓學校師長聯絡不到她。這麼做，就是爲了逼那位成天忙於工作、從來不管孩子、卻又過度寵溺孩子的父親，也能負擔起教養孩子的責任。在這樣一個僵局中，孩子的父親果然逐漸放下手邊的工作，幾次前來學校參加會議，出面與師長交涉討論，共同處理孩子的問題。

因爲系統成員的情感是緊緊相繫的，牽一髮動而全身，一個人的改變，也會引發其他人的改變。當你將不屬於自己的責任放下，自然會有人承擔起來。

同時，**家人間的情感連結，不會因爲任何人去實踐夢想而就此終結。只要願意將家庭中的每一個成員，擺放在心中予以看重及祝福，那麼，這份連結便會永遠存在。**

5 在內心否定雙親的孩子

夏美正考慮著，是否放棄現在的工作，回去走大學所學的老本行——財務金融。她想著：「雖然沒興趣，但也許爸媽是對的。」

這個念頭經常在夏美心中浮現，個性執拗的夏美便會對自己說：「不行！我不能輕言放棄。我可不要被他們看扁！」

夏美口中的「他們」，指的就是她的父母。特別是父親，在夏美心中，自己是個從小被父親「看衰」長大的孩子。

夏美剛進入一家網路媒體公司擔任文字編輯不到半年，在工作中屢遭挫折，工作壓力大到讓夏美時常喘不過氣來。每當心力交瘁時，就會懷疑自己當時的決定是否正確。

夏美大學時就讀的是商管科系，她一直不感興趣。夏美很早就知道，自己喜歡的是文學與寫作。高中期間，夏美好幾次向父母透露，未來想走文學領域，立刻被父母否決。

「妳太天眞了，這年頭走文學會餓死啦！」父親說。

「興趣不能當飯吃，別傻了！」母親跟著附和。

夏美試著提到自己從小到大在寫作或文學創作方面的成績，卻換來父親的斥責：「妳怎麼老是說不聽！這世界上比妳有文學天分的人可多了，憑妳那一點小聰明，是要怎麼跟人家競爭呢？」

「小時了了，大未必佳呀！」

「別說了！你還是打消這個念頭吧！我們不可能會答應的。」

夏美感到很洩氣！如果父母是因爲就業市場的考量而勸阻，那就算了。她最無法接受的是，父母總會趁機否定她的能力。即使夏美在學校裡擔任校刊編輯，時常在各種文學創作比賽中屢獲佳績，在各科之中國文的成績也傲視群雄，仍舊無法獲得父母認可。

不只是職涯的發展無法獲得父母支持，其他方面也常被父母嫌棄。父親常常對她說：

「妳別以爲妳多厲害，這世界上比妳強的人還多的是！」

「妳只是有點小聰明，也敢跟人家攀龍附鳳，眞是不自量力！」

「我自己生的女兒有幾兩重，我會不知道？妳還是安分一點好了！」

「不是我不願意支持妳，我是爲妳好啊！妳又沒那個實力，到時候後悔了，又來怪我們當初沒勸妳，怎麼辦？」

在學校裡，夏美是師長及同學眼中的模範生；然而，在家裡，她卻永遠無法獲得父母的肯定，特別是父親，言語中總是帶著貶抑或嘲諷。

「在我爸媽的眼中，我好像是個一無是處的人！」她曾經向好友透露心聲，好友難以置信，因爲眼前的夏美是個人人稱羨的榜樣。

升大學時，夏美妥協了，遵照父母的要求，進入商管領域就讀。不到兩年，夏美便興起了轉換跑道的念頭，假日回家與父母討論，請求父母允許自己轉系或轉學，硬是被痛罵了一頓。

但這次夏美很堅持，因爲商管領域的學問，眞不是夏美能領教的，而夏美對於文學創作，仍然懷有憧憬。父親在盛怒之下，丟下了幾句話：

「好呀！妳要轉系，不念了，是不是？後悔了別回來找我！」

「我辛苦把妳栽培長大，竟然還這麼不懂事！」

「妳要轉就轉，想做什麼就做什麼，我就當沒妳這個女兒，妳也別叫我爸了！」

父親的這番話好沉重，夏美完全無力招架，只好繼續回到索然無味的商管領域，直到畢業。

畢業後，夏美曾經在銀行工作了一陣子，但終究認爲不是自己的興趣所在。於是，利用工作之餘，報考了大學進修部的文學相關科系研究所，邊工作邊讀書，幾年後拿到碩士學位。完成學業的第二天，夏美毅然決然向公司遞出辭呈，轉換跑道至現在的文字編輯領域，準備擁抱自己的文學夢。

從那一天起，父親氣到不再和夏美說話，夏美也在心裡告訴自己：「好吧！就當作沒這個父親吧！」

只是，雖然現在從事的是自己熱情的工作，卻又時常自我懷疑，這樣的決定是正確的嗎？我眞的能在這個領域混出名堂嗎？

在得不到父母肯定與讚賞中成長的孩子

有一類的家長，時常透過否定孩子的能力，貶低孩子的價值，來控制孩子的發展與決定，讓孩子不得不照著父母的意思走。這類家長其實內心充滿著恐懼與匱乏，他們可能在成長過程中有些遺憾，或經歷了些慘痛教訓，慢慢在心裡頭構築起「某種特定的人生發展軌道才是最好」的信念，並將這份信念，或者無法在自己身上實現的心願，轉化做期待，投射在孩子身上，要求孩子必須照著走。

那麼，爲什麼要透過否定孩子來控制孩子呢？

因爲，**在他們成長過程中，也可能是長期被輕視、貶抑或不被認同，導致內心充滿自卑，自我價值感低落。於是，他們也渴望被重視、被認可。**一旦成爲父母之後，便容易透過訓斥與否定孩子，感受到自己身爲家長的尊嚴。**事實上，他們也同時在否定那個過去缺愛的自己。**

有些孩子在長期接收到父母否定的訊息時，便會這麼想：「因為我不夠好，我還是乖乖聽話好了！」他們放棄自己的夢想，帶著遺憾並順服父母的期待，長大後再把這份委屈或自卑，帶到自己的孩子身上，代代複製。

然而，總有些不服氣的孩子，特別是各方面都表現不俗，在家庭以外獲得許多實質肯定的孩子，便會想要證明給父母看。而**他們努力嶄露頭角的領域，常與父母的期待背道而馳；而父母越要勸阻，孩子越是要證明自己做得到，逐漸形成了親子之間對立的僵局**。

然而，這些孩子在奮力追尋夢想，證明自己的同時，總是感到內心缺乏一份力量。特別是在遇到困頓或挫折時，心裡感到膽怯與恐懼，深怕自己是否真如父母所說的：「你不夠好！」

事實上，再怎麼不願意接受父母那些否定的言語，父母的貶抑及負面評價，早就深入孩子的骨髓，內化在孩子的心裡，成了孩子自我觀感的一部分，而且，還占了很大的成分。

斷了關係連結，終將難以把人生活好

因此，這類孩子特別辛苦，他們付出努力所呈現的成績，還不足以抵銷內心深處來自父母批判的聲音。甚至，越是投入，越是企圖證明自己，越是自我懷疑。

這些孩子常與父母爭執到最後，爲了堅持自己的理想，在實質上或想像中，與父母斷絕了關係，也就是否定了父母在內心裡的位置及連結。於是，他們常會說：

「哼！我沒有這樣的父母！」

「我不需要他們支持啦！他們要怎樣，我才懶得管咧！」

「如果一直否定我，爲什麼要把我生下來？」

「我不是他們手掌心的玩具，以後我再也不要在乎他們了！」

這些怒吼或控訴，正在傳達出一份訊息：在內心裡否定自己的父母，藉此隔絕父母對自己的影響。然而，負面影響被隔絕了，那些來自生命系統的愛與力量，也同時被阻絕了。

所以，儘管他們很努力在自己夢想的領域中證明自己，卻總感挫折連連，內心裡缺乏一份力量，時常自我懷疑，萌生放棄的念頭：「我就是不夠好，別再痴人說夢話了！」

他們一方面痛恨父母的否定，另一方面又認同起父母從小的勸誡。這份矛盾的情結，也正在耗損他們身上的力量。

過去，在我擔任中輟生教育與輔導替代役男時，時常要與不願意到學校來上學的中輟生互動，當時，我常與中輟生們在他們家裡、街頭巷尾、廟口或網咖裡聊天，聽著他們說起自己的家庭與成長故事。

他們告訴我，他們痛恨自己的父母，他們寧可自己不要被生下來。這些聲淚控訴，至今仍讓我印象深刻：

「沒有經過我的同意把我生下來，卻又棄我不顧！」

「既然要把我生下來，爲什麼又要這樣對待我！」

「我沒有這樣的父母！」

「說什麼很愛我，不是不見蹤影，不然就是要動手打人！」

「他們怎麼可能會關心我？他們以爲跟我很熟嗎？」

這些孩子的原生家庭都有些狀況，大部分的家長可能是在外工作、離異、入獄，或者逃債而失蹤。孩子從小就被丟在祖父母家，而祖父母年紀大，忙於生計又無力管教。因此這些孩子，從小看起來格外獨立早熟，但內心裡卻始終缺乏歸屬與連結。

我們的生命來自於父母，成長的力量也來自於父母。**當一個人無法感受到來自父母的愛，或者在內心裡主動否定父母，忽略或斷絕與父母之間的關係連結時，等於是否定自己身上的力量，當然也無法把人生過好，甚至會出現種種的問題行爲。**嚴重一點的，通常具有破壞性，要不是向外傷害別人，就是傷害自己，而更多的是無法讓自己在學習、人際、婚姻或事業上成功。

唯有在穩固的情感連結下，才可能真正長大

夏美正是在長期被父親否定之下，憤而也在內心否定了父親的地位，隔絕了與父親的關係連結。於是，在努力實現夢想的過程中，總會覺得缺少力量，欲振乏力。而

那些長期來自家庭中的負面評價，更使得夏美經常自我懷疑，即使有著夢想，正待展翅高飛，仍不太相信自己眞的能成功。

許多年輕人都像夏美一樣，堅持追求自己的夢想，但又無法得到父母的支持，甚至被父母否定時，便刻意與父母斷絕關係連結。在物理空間上遠離原生家庭，減少聯絡與互動，或對家中父母的消息漠不關心，同時又在內心深處直接否定了父母的存在價值。結果是，他們以爲自己自由了，但面對夢想與挑戰，卻常感心有餘而力不足，最後選擇放棄，走回父母期待中的老路，帶著遺憾與不甘過了一輩子。

於是，有許多人，恨了父母一輩子，年過半百，甚至父母都已離世，還是選擇回過頭來與父母和解，修復關係連結。如此，才會覺得活得踏實有力量。

我們得知道，一個人若與父母沒有健康而穩定的情感連結，是無法眞正長大的。與家庭及父母的關係連結越是穩固，內心越有安全感，越能眞正做到獨立自主。當你切斷了連結，這些來自原生家庭及父母的愛與力量，連帶著也消失了。

對於夏美而言，她堅持活出自己的人生，這在生命系統的運作上是正確的。然而，**她可以選擇和父母保持距離，減少互動，避免衝突，降低受到父母那些否定與貶**

抑的聲音的影響，但是，在內心裡仍然需要爲父母保有一個重要的位置，對於父母給予自己的生命與愛，仍需要予以尊重和肯定。如此，她才可能找回繼續前進的力量。

只是，要做到這種程度，談何容易？

覺察是一切的開始。或許，現階段先能看懂，自己正在內心裡否定父母，如此就好，也允許自己可以恨父母，對父母有怨懟——這是自然的，不需要因此自責或內疚，因爲我們在成長過程中，確實受到了傷害。

唯有先看懂，理解這一切是怎麼回事，並保持內在的穩定與清明，我們才有可能進一步去面對與父母之間愛恨交織的矛盾情感，進而逐漸找回與父母之間的關係連結。這些，就留待第三章再做詳細討論，請繼續看下去吧！

6 深度理解是邁向改變的開始

在閱讀過前面幾篇案例後，是否感覺似曾相識？這些故事，曾發生在街頭巷尾的許多家庭中，也曾發生在許多即將邁向獨立的孩子身上。透過這些案例，你可以幫助自己辨識出自己「好想做自己」但又缺乏往前進的力量背後，是如何被那條看不見的繩子給緊緊纏住了。每個人被綑綁的方式不一樣，因應這份壓力的方式也不一樣。

或許，你慢慢開始懂得——

原來，在家庭裡，我一直努力當個父母期待中的乖孩子，而沒了自己的夢想，爲的就是獲得父母的肯定。

原來，我不自主地過度承擔起維繫家庭穩定運作的苦差事，成了永遠在照顧家人需求，而不被允許擁有自己夢想及眞正長大的犠牲者。

原來，我始終不讓自己昂首闊步地實踐夢想，就是因爲擔心這個家少了我，會就此崩解。爲了保護家庭，我走不得，即使天時加地利，貴人也出現了。

原來，我爲了迴避那些從小來自雙親的批評、貶抑與否定，不自主地在內心裡否定及排拒了與父母的關係連結，因而在實踐夢想的過程中總是欲振乏力。

也許，你還有其他的發現。總之，你逐漸明白，家庭與你之間那條看不見的繩索，是如何綑綁住你，而讓你無法勇敢做自己，邁向眞正的獨立成熟。當你看懂了家庭如何影響你，以及你一直扮演著什麼樣的角色時，你才有可能開始採取不同的行動，脫離那無效但又耗費力氣的舊有模式。**這便是「覺察」帶來的好處——拓展新的可能性。**

我所知道大部分的心理治療取向，都相當重視覺察的功夫。覺察就是清清楚楚地知道自己怎麼了，認清關係中反覆發生的互動模式，以及，明白問題發生的前因與後果，看見一些過去一直被忽略的事實。

當事情從撲朔迷離轉而豁然開朗，從無法解釋變爲找得到原因時；**光是覺察，就**

能讓我們擁有某種程度的掌控感。甚至，覺察也讓我們認清，當面對困境時，哪些是可以改變，哪些是不可能改變的，做我們能做的，並學習與無法解決的狀態共處。光是如此，都能幫助我們減低內心的不確定感，獲得某種安定。

覺察與理解自己的情緒感受

現在，我要你試著安住當下。

許多人在第一次看懂，發生在生命中與家人之間那剪不斷理還亂的互動模式時，內心是相當激動的。這會伴隨著許多情緒一一浮現，如失落、憤怒、恐懼、委屈、怨恨、無奈……等，事實上，這些情緒不是現在才有的；在看懂之前，早已存在，只是你不一定能覺知。甚至，你無意識地將這些情緒給壓抑了下去，或刻意忽略。總之，就是不允許它們發生。

然而，這些情緒都是自然而然發生在人際相處之間的感受呀！

遭受不平等的對待，自然會覺得委屈；努力許久仍然無法獲得肯定，自然會感到挫敗；期待父母關愛的眼神而不得，自然會感到失落；無法滿足父母家人的期待，自然會感到內疚或罪惡……因此，這些情緒沒有好、沒有壞，就是在當下自然地發生了；我們只要去看到它們、感受它們，更進一步去理解它們，就可以了。

我們可以透過以下幾個自我探問，增加對這些情緒的覺察與理解：

（一）我有哪些情緒感受？

當我們理解自己與原生家庭之間的關係糾結後，我們的內在出現了什麼樣的情緒感受？擔心、恐懼、焦慮、憤怒、失望、委屈、後悔、愧疚、沮喪、疑惑、不捨、慌張、茫然、悲痛、無力、挫敗、苦惱、絕望等，試著用情緒形容詞，把我們感受到的情緒辨識與表達出來。大部分的時候，伴隨某個情境而來的情緒感受，往往不只一種，常是多種交織而成，我們可以試著一一把它們辨識出來。

（二）在我的身體上有哪些不舒服的感覺？

情緒常以一種生理反應的型態呈現，當我們興奮或恐懼時，心跳會加速、呼吸會急促、肌肉會緊繃；當我們擔心或憂慮時，會感到心頭沉重、呼吸困難或胃腸翻攪……每個人在每種狀況下的生理反應不盡相同，但卻是覺察情緒狀態的重要指標。我們會如此厭惡負面情緒，是因爲在身體上出現了令人難受的生理反應，通常會以酸、麻、痛、癢、漲、熱等各種形式呈現。同時，我們可以嘗試回想，在成長過程中，當哪些特定情境或事件發生時，類似的身體感覺也會浮現？

（三）最強的情緒感受是哪一個？

也許，你能辨識出幾個比較明顯的情緒感受，也覺察到身體上不舒服的位置。接下來，我們可以在這些情緒感受中，找出程度最強烈的那一個情緒感受。這通常連結著你身體最不舒服的部位，因此，在前一個步驟中，當我們找到並去經驗那份身體上的感覺時，自然能夠辨識出最強烈的情緒感受。

（四）最強烈的情緒感受是如何產生的？

向內探問自己，是什麼造成了這份最強的情緒感受？是與家人互動中的哪一個特定部分，勾起了這份感受？或許，是父親的某個眼神；或許，是母親某句常掛在嘴邊的話語；抑或，是兄弟姊妹苦惱的神情。**設法去找到這份情緒感受的來源，往往可以幫助我們覺察自己最在乎的是什麼，這可能正是使我們卡在關係連結與獨立自主間，進退兩難的關鍵。**

（五）我會如何因應與處理這些情緒感受？

面對原生家庭帶給你的情緒綑綁，當看見那條綑綁住你的繩子時，你的內心也許波濤洶湧，而你會如何因應或處理這份不舒服的情緒感受呢？是視而不見，特意忽略；還是否定排拒，不允許自己生氣、難過、悲傷、沮喪與失望？或者，你願意全然且深刻的接納，因為你知道這些情緒都是自然的展現，不需要試圖去改變，不用刻意裝作沒看見——體驗到了，就接受吧！

上述這五個情緒覺察的自我探問，目的就是要幫助你在擴大覺察的基礎上，全然地接受及允許這些情緒存在。**當你能夠接納這些情緒，特別是那個讓你特別難受的感

覺，你便能接受發生在你生命中，原生家庭裡的種種糾結與束縛。

於是，你越來越可以安於當下，當然也可以進一步地擴展覺察。再讓我們增加一點覺察的深度吧！

讀懂家人的成長故事

我們還需要帶著好奇的眼光與同理心的態度，去理解每一個家庭成員的生命故事，看見其中的善意、局限與不得已。這需要我們擁有換位思考的能力，願意進入家人的主觀世界中，去體會他們的人生經驗。

所有的行爲都是有功能的，都能找到背後的正向意圖——不外乎是爲了幫助人們更爲提升，或者保護人們免受傷害。**大部分的家長對孩子以愛爲名的限制，都是出於內心的恐懼和匱乏；不支持孩子的夢想，確實是在保護孩子，那是一份愛的表現；只是，在內心更深處，是爲了保護自己脆弱不已的自我價值。**

當你知道，母親總是對你如此不放心，不給你她期待以外的發展空間，那是因爲她自幼家貧，未完成學業便嫁人。又帶著強烈的自卑感進入婚姻，在新組成的家庭中做牛做馬，卻得不到尊重。在連生了三個女兒後罹患了一場重病，終於把你這唯一的男丁給生下來，她在這個家中才稍微獲得尊重。她當然會把人生全都寄託在你身上，把從小到大的恐懼與擔憂全都投射到你身上，於是她會設法控制你，不讓你做自己。

你不需要爲她的恐懼與自卑負責，你只需要爲你自己的生命負責，但你得去深刻理解這段源由。

當你知道，你的父親一直要求你去考公職，端個穩定的鐵飯碗，是因爲他從小念書不如人，而被送入軍校就讀，內心一直感到丟臉、羞愧。沒想到從軍卻讓他擁有比其他兄弟姊妹更多的保障與經濟收入。於是，他認爲能從事公職是件成功且光榮的事情。他要你照著做，認爲是爲你好；當初他沒有選擇，所以也不允許你可以有選擇。

你不需要照著他的期待走，但你可以透過這段生命故事，更理解父親對你的愛與局限；同時，你仍選擇走在生命系統中，你該存在的道路上。

你願意花一點時間，暫時放下怨懟，好奇地去聽聽家人分享自己的成長故事嗎？**理解家人的局限與生命故事，並不是要我們去贊同家人的行爲，也不是要讓企圖追尋夢想的我們滋生出更多的罪惡感，而是要讓我們在面對家人或父母時，能有多一份的體諒、包容及感恩。**

我們不需要去認同他們的行爲，但是，這些行爲背後的良善意圖絕對是沒有錯的，也需要被看見。當我們在與父母或家人溝通我們的夢想時，若能把他們反對背後的良善意圖給表達出來，而不是一直批評或控訴他們的高控制與自私，往往會收到比較好的溝通效果。

當然，如何與父母或家人進行溝通表達，這又是另一番學問了，在第四章中會詳加探討。接下來，我們要來問問，準備勇敢追尋夢想的你：「眞的準備好了嗎？」

第二章

準備：勇敢做自己的先決條件

7 別傻了！你無法改變任何人

人生最愚蠢的事情，莫過於期待他人要爲我們改變。期待他人改變，往往是一個人的痛苦來源。因爲，你想改變別人，別人也想改變你。當雙方都堅持對方需要改變時，是不會有人改變的。當然，雙方也會永遠處在失望、挫敗與生氣之中。

這時常發生在關係越是親近的人們身上。

堅守舊有的觀念，讓人擁有安全感

那些長期感受到父母或家人的情緒綑綁，而難以眞正做自己的孩子，常在成長過程中，被父母強制規定只能走在某一特定的軌道上。大人帶著既定的期待，要求孩子的成長與發展得如此照辦，不顧孩子有其獨特的潛能與空間，這些限制或要求，事實上就是要孩子改變，只是改變的方向，是照著大人的期待，而非順著孩子本來的樣子。

當孩子慢慢長大，有了獨立自主的需求，想要嘗試偏離大人期待的軌道時，便會意識到需要與大人有些衝撞。此刻，孩子有自己的想法與立場，試圖向大人表達，期待大人能夠理解並放手。無奈，再怎麼費盡唇舌，也無法讓大人們放棄他們長久以來堅持的既定思維：

「爲什麼我的爸媽腦袋就是如此不知變通？」

「他們難道不知道時代不同了，這世界已經不是像他們想的那樣子了？」

「爲什麼我怎麼說，他們就是不願意相信我？」

「我已經很努力了，爲什麼他們就是不願意支持我？」

「儘管我說的再有道理，他們就是有他們反對的理由，眞的很奇怪！」

「他們眞的很不講理，爲什麼我就一定要聽他們的？」

這是許多孩子內心的獨白——當你有著這份挫折時，你也正在試圖改變你的父母或家人呀！只是，他們若能改變，早就改變了。爲什麼仍然堅持己見、不知變通呢？因爲堅守著那些舊有的觀念，能讓他們擁有充分的安全感。

改變，意味著拋開既有的習慣或心態，採用另一種新的方式生活；因此，改變總是件隨著恐懼不安。生活中的小改變也許帶來些許不便，很快就習慣了；但若是重大的改變，牽涉到一個人成長過程中逐漸形成的信念與價值觀，以及來自原生家庭的自我認同時，改變就成了一種冒險，需要一個人時時帶著高度自覺，並且經過一次又一次的練習，才有可能發生。

於是，你想突破，但你的父母並不想。因爲一旦改變，強烈的恐懼不安便會迎面襲來。

向內審視，問題總是發生在自己身上

我們時常聽聞夫妻之間爲了擠牙膏等雞毛蒜皮的小事口角不斷，從下面擠或從中間擠，有差別嗎？生活習慣不同，即使只是件無關痛癢的小事，總是需要溝通、磨合或忍讓。通常有人願意讓步，事情就解決了。

只是，有些看似很小的事情，要人改變還眞的很難，而到最後會發現，與其要求別人改變，不如改變自己比較實在。

我與另一半結婚後住在一起，每當我在工作上受了些挫折，回到家裡向她吐苦水時，她總會相當理性地爲我分析問題的成因與解決之道。她說得很有道理，但我卻總感挫敗與沮喪。我知道，我要的不是建議，而是傾聽與同理。

於是，我屢次告訴她：「可不可以不要在我難過時，給我一大堆建議，我希望妳只要聽我說，告訴我：『我知道，你辛苦了！』這樣就好。」

她說願意試試看，但卻仍依然故我。有一次，我實在受不了，說了句重話：「妳說話的方式，只會讓我以後更不想與妳分享心事，這樣會降低我們談話的品質的。」

而她也委屈地說：「可是，我就是習慣這麼說，爲什麼一定要改變？」

是呀！爲什麼一定要她改變？

我試著自我覺察，思考我與她之間究竟怎麼了？當我帶著挫折回來與她分享時，期待獲得的是理解與認同——這會讓我覺得自己沒有想像中的差，我正在尋求一份肯定。然而，當她客觀分析並給我建議時，我開始覺得自己眞的沒做好。所以，我希望她能同理我，讓我感受到自己沒那麼差。

爲此，我回溯我的生命經驗，發現到，從小到大，即使我一直是個品學兼優，在各方面都頗獲好評的孩子，但回到家庭裡，父母總會這麼對我說：「我知道你很努力，也很優秀，但是，如果可以再……一點就好了。」

如果數學可以再進一步一點就好了，即使我的學業成績已是名列前茅。

如果可以再長高一點就好了，即使我的身高已高於平均値了。

如果閩南語可以講得再順口一點就好了，即使我與同儕比起來不算太差。

如果記得再挺胸一點就好了，即使這對我的日常生活或人際關係影響不大。

因爲有許多的「如果再……就好了」這樣子的期待，讓我在理智上知道自己的表現優於同儕；但在情感上，又覺得自己不夠好，自我價值感低落。「不夠好」與「怕輸人」便如同兩張法力無邊的符咒，緊貼在我的前額，控制著我的行爲表現。

因此，漸漸長大後，我非常在意他人的眼光與評價，總想聽到他人的美言，卻又害怕得到的是批評或建議——這正說明了我的表現真的不夠好。有時候，我害怕打沒有把握的仗，常常只願意嘗試成功率高的事情。

在學生階段裡，我努力獲得同儕與師長的肯定，到了職場，我的專業能力也不斷被看見，但我依然覺得自己不夠好，隨時會輸人。而當進入婚姻後，我也在另一半的面前尋求認同的眼神。因此，每當我失意難過時，向太太分享這份心情，便是在向太太索討肯定。於是，太太那些善意的回應，卻一一成了刺耳的批評。

因此，講到底問題在誰身上？是我自己！

當我帶著這份覺察審視自己時，我便知道，我不需要求我的另一半改變，需要改變的人是我。**我需要明白，我已經長大了，我有能力透過自己帶給自己肯定與支持，那些在父母身上得不到的，需要由我自己給自己，而非期待其他的親人、朋友或同事替代父母的角色。**

如果，**我缺乏了這份覺察，一再要求太太改變而未果，我便可能會把這份缺憾，投射到我的子女身上，而不自覺地拿走了他們人生發展的力量。**這份情緒的流動與傳遞，在家庭系統中十分常見，在第一章中也有許多的說明。

認清「改變」究竟是誰的責任

所有人際關係中的痛苦與困擾的來源，常是自己本人。這不是說當你受到他人冒犯或受了委屈，人際互動不順遂時，需要不斷隱忍，眼淚往肚子裡吞，你當然要堅定地表達以自我保護。只是，**你同時還得審視自己內心的小劇場，那份委屈與痛苦究竟是從何而來，是否完全都是別人的責任，或者，其實自己也該負起改變的責任。**

凡事期待別人改變了，才願意大膽行動，事實上是相當不負責任的，你只是把自己該負的責任交由他人爲你承擔罷了！我永遠印象深刻的，是「簡快身心積極療法」的宗師李中瑩先生曾說到的「人生三件事」，亦即「自己的事」「別人的事」與「老天的事」：

面對「自己的事」，我們需要做到的是「負責」。

面對「別人的事」，我們需要做到的是「尊重」。

面對「老天的事」，我們需要做到的是「臣服」。

當你在人際關係中，期待別人改變時，請誠實地問問自己：「這件事情，究竟是**『自己的事』『他人的事』或『老天的事』？到底誰該爲這件事情負起責任？」**帶著**自覺，大部分的時候，你會發現，眞正需要改變的是我們自己，而不是別人。**

當你放下期待他人改變的固執，而從自己調整起時，你會發現，對方也會開始有所不同。就算對方沒有任何改變，你看待他的方式以及對他的觀感，也會開始不同。

回到你與家人或父母的糾結上。若我們要爭取自己獨立自主的機會與空間，卻始終得不到支持或肯定，我們得與家人或父母不斷地溝通。**請你在內心探問自己：「勇敢活出屬於自己的生命樣貌，究竟是誰的責任？」**是父母、家人，**還是自己？尤其是當你成年了，難道還要把這份改變的責任交由父母承擔嗎？**

不願改變的背後，只是想證明自己是對的

許多人在不被父母支持時，天眞地以爲，當有一天說服了大人，讓他們接受自己

的觀點，就可能被允許去做自己想做的事情，甚至還能得到更多的資源。

別傻了！大人無所不用其極地想把你塑造成某種看起來會讓他們安心的樣貌，期待你走上他們認爲萬無一失的道路，這也許是打從你在娘胎裡時就已經開始的計畫；這份工程隨著你越長越大，如火如荼地進行著，而你也越來越失去了自己人生的主導權。

這麼長的時間裡，他們都做著相同的事情，內心深處必定有著堅固的信念支撐著，如果輕易就被改變，那之前所做的一切，該如何解釋？

想一想，我們自己也有十分固執的時候，明知道堅持不改變不是辦法，但仍然莫名地頑固。像是遇到了一個不理想的婚戀對象、找了一份讓你叫苦連天的工作、進入了一個你毫無興趣的職涯領域等。**當我們投入一件事情中，花費的時間越多，耗用的力氣越大時，便會找各種理由來支持自己當初的決定，儘管知道這並非長久之計。**

我們內心的小劇場常是：「一旦改變心意，不就證明我之前的決定是一場空嗎？」**爲了不讓自己感覺起來這麼蠢，寧可苦撐著，也不願意懸崖勒馬。**

更何況，那些不允許你自由發揮的人，常常是你的長輩。**長久以來，身爲長輩常必須證明自己是「對的」，如果接受了你的觀點，自己就不再是「對的」**了，這衝擊到的是爲人父母或長輩的身分認同，他們當然會極力捍衛呀！

接受「大人們是不可能改變」的事實

在上一章的結尾，我請你換位思考，帶著好奇與同理去聽聽大人的成長故事，理解大人對我們的愛與局限。當你發現父母之所以綑綁住我們，不允許或不願意支持我們用自己的方式展翅高飛，事實上與長久以來的恐懼、匱乏、無助或自卑有關時，你會更清楚知道，對於改變他們內心世界的情感狀態，你是無能爲力的。**同時，你也沒有那份資格去改變他們，因爲，那是他們自己的事，他們得自覺後自我負責。**

你能做的，就只是充分地表達，讓他們知道你想做什麼、你想怎麼做，以及爲什麼想這麼做。**表達與告知只是在傳遞一份尊重的訊息，而非試圖說服或改變任何人。**

如果對方能改變當然最好，但你也得接受「大人們是不可能改變」這樣的事實。

一旦你能有「放棄改變任何人」的體悟時，你便明白，與其花費再多時間與大人們爭辯孰是孰非，不如把力氣放在如何做出一番新局面來比較重要。

8 面對夢想，你有多想要？

接下來，我要你誠實地面對自己：「你有多想要實現你的夢想？」如果從0到10分讓你評分，0分代表一點都不想要，沒有達到也無所謂。10分代表極度想要，沒有達成將會遺憾終生。你會爲你的夢想打幾分？

這裡談到的夢想，不只是你的職涯目標，泛指一切你想追求的境界或完成的任務，除了重新規畫你的職涯方向之外，選擇新的生活方式、追求某種體驗、與某人進入一段長期關係等。只要是涉及與過去不同的選擇或決定，且對你而言意義重大、深具價值的事情，都可以稱爲夢想。

我們常會在夢想不被家人支持時，遲疑猶豫、停下腳步，甚至心灰意冷之下，無奈放棄。**若是你在放棄的同時，仍感心有不甘、朝思暮想。在夜深人靜時夢想對你聲聲呼喚，你將會很清楚，朝著夢想邁進對你而言，是多麼別具意義，你的人生應該要**

走在自己喜愛與接納的道路上——那麼，你是相當想要實現你的夢想的。

這個問題爲什麼重要？如果，**你不夠想要實現你的夢想，一旦家人阻礙使你打消念頭，你做不到也只是剛好而已。**

知名律師呂秋遠先生，除了法律專業外，更洞悉人性，常在網路上分享一些回答粉絲人生疑惑的文章。有一次，有個年輕女性請教呂律師，她是個稍微肉肉的女生，但她男友的家人嫌她身材太胖，一直不願意接受他倆的感情，她該做什麼努力呢？

呂律師的回答聽了令人拍案，大意是這樣：「妳就別浪費時間在這個男生身上了！當他告訴妳，家人嫌妳胖，不接受你們的感情，事實上，是他自己嫌妳胖，不夠愛你，他不想當壞人，所以把家人拿出來當作擋箭牌。如果他夠愛妳，就會設法去面對他的家人，而不是把問題留給妳，讓妳萬分苦惱。」

原來，問題不是出在男友的家人身上，更不是這女孩子的身材問題，重點還是男友本人到底有多愛這個女孩，多期待與這個女孩子維繫長久的親密關係。

現在，回到你與夢想的關係上：「面對夢想，你有多想要？」

你該如何知道，這個夢想對你而言意義重大，即使父母家人極力反對，仍需要傾畢生力量去守護，放棄則會遺憾終生呢？我們可以透過三個途徑去檢核，分別是「審視內在圖像」「簡短話語描述」以及「核心價值自我探問」。

審視內在圖像

當夢想實現時，你會看到你的內在正浮現什麼畫面？

想像一下，當夢想實現時，你會看到，你正在做什麼？有什麼穿著打扮？臉上的表情如何？旁邊有誰？在什麼樣的地方？周遭環境如何？

當你進一步沉浸在這個畫面中，你聽到了什麼？你正在說些什麼話？別人回答你什麼？周遭有什麼聲音？

接著，將你的注意力放到你的身體與內在感受上。你的身體感覺如何？你有什麼情緒感受？你正呈現什麼樣的身體姿勢？你的呼吸、心跳、肌肉……的感覺是什麼？

這一切，若以視覺畫面呈現的話，畫面是清晰或模糊的？是接近你的或者離你很遠？是明亮或灰暗的？是動態或靜態的？

如果想起夢想實現的那一刻時，你的內在呈現出越是清晰、豐富、接近、動態與明亮的畫面，同時能清楚地看到你在畫面中的形象，以及周遭的景致，也能清晰地聽見該場景中的聲音，而你的身體與內在感受也隨之大幅度變化，那麼，我相信這個夢想實現的樣貌，早已在你的心中反覆播放過很多次了。

這表示，你對於實現夢想的高度企圖。**特別是，當這些場景在你內心裡清晰地呈現時，你能感受到自己愉悅、激昂、興奮、自在甚至感動的心情，而不會或很少有其他負面的情緒——其實你很清楚，這就是你亟欲追求的夢想。**

簡短話語描述

請用一句簡短的話語，最好是二十個字以內，描述出你想實現的夢想是什麼？例如：

「我想成爲一位專職寫作與演講的自由工作者。」

「我要出國打工度假體驗人生一年。」

「我要重返校園學習新的知識領域。」

「我要與朋友自行創業，成爲國內新創產業的領頭羊。」

「我要在五年內，成爲業界倚重的企管顧問。」

你是否能夠明確地說出來呢？用簡短的語句描述夢想，就是把夢想轉化爲具體目標的過程，於是，夢想不再是虛無飄渺的抽象感覺，而是能夠用言語清楚陳述的具體目標。

有許多人在陳述自己想要達成的目標時，常是以「我不要……」開頭，而不是「我要……」這代表著人們只想脫離目前的狀態，但卻不知道要將自己帶到哪裡，這很容易形成「哪裡有路走，便往哪裡去」的局面，反正不要留在原處就好。這是相當危險的！

當你不夠清楚自己想要的是什麼時，對於自己轉換跑道或脫離現狀的決定，肯定信心不足，於是，你也無法清楚明確又理直氣壯地向家人表達心中所想，當然容易在家人勸阻之下，打消念頭，再回頭怪罪家人不願意支持自己。就算你很幸運，離開了當前的處境，來到下一個情境，你也會很快地想要離開。

每當有人告訴我：「我不要……」時，我總會反問：「那麼，你要的是什麼？」對方便會突然語塞，表示他還沒有想清楚自己要的是什麼。**因此，是否能用正向話語陳述目標，是理解自己是否足夠深思熟慮這個夢想的指標之一。**

設定具體化的目標，一定要把握正向、簡潔、扼要、明確、可行等原則。普遍應用於商管領域的SMART原則，就是很好的目標設定的指標，分別由五個英文字母的字首所組成：

・**特定的**（Specific）：指的是目標應聚焦在特定的領域或範疇，而非天馬行空、亂槍打鳥，如「成爲專職寫作與演講的自由工作者」要比只是「成爲自由工作者」來得明確特定。

・**可測量的**（Measureable）：目標應包含可衡量的標準，例如在多少時間內、完成什麼樣的地步，例如：「在五年內取得心理諮商碩士學位」，如此，我們才會知道自己距離目標的實現還有多遠。

- **可達成的**（Achievable）：也就是在付出一定程度的努力後，是眞實可行的，具有實現的可能性，例如「進入航太領域鑽研並成爲該領域的專業人員」會比「前往外太空旅行」還來的眞實可行。
- **相關的**（Relevant）：在管理領域中，相關指的是目標的實現需與其他目標或任務有所關連。而在夢想實現的過程中，個人可以去檢視，這個目標對我的人生而言的意義與重要性是什麼，是否與我長久以來的價值觀相吻合，達成目標後，對整體的生活有何影響。
- **時間限制**（Timely）：爲自己設下一個實現目標的合理時限，有助於去衡量目標實踐的整體進展，並砥礪自己全力以赴，面對目標的態度更加積極。

當你有了一個或多個夢想的具體目標描述時，請你將它說出來。**我指的是說出聲音來，而非在心裡默唸而已**。此刻，你的內心是感到恐懼遲疑的，或者熱血沸騰呢？

若這段話語帶給你的是正向積極的感受，感受越強，代表你眞的很想朝向夢想邁進。反之，這段話若讓你感覺到更多的恐懼焦慮，甚至匱乏無力時，也許你還沒有準備好。

核心價值自我探問

到目前爲止，我們一直在探討的，正是你與夢想的關係。如果你眞的想要這個夢想，你與夢想間的關係是緊密的；當剝奪了你實現夢想的權利與可能性時，你肯定會有很深的挫敗與失落感。因爲，這份夢想對你而言是深具意義的。你需要透過回答下列四個問題，去探究這份夢想對你而言的意義或價值。

（一）實現這個夢想時，我最重視的是什麼？

（二）實現這個夢想時，對我的意義是什麼？

（三）實現這個夢想時，爲我帶來的好處是什麼？

（四）實現這個夢想時，對我而言的重要性是什麼？

逐漸地，你會發現，**若這是個值得追尋的目標，你便能找到它的意義，正吻合你一直以來爲人處世的核心價值，也就是你最重視的觀念或原則。**

然而，此刻你也可能遇到一個難題，**你現在所重視的，有可能與從小灌輸在你身上的信念價值觀有所衝突。不需要父母耳提面命，這些信念或價值觀就會自動浮現，干擾你對夢想實踐的專注度。**

例如，有許多年輕人夢想過著自由的生活，選擇成爲以接案爲主，及身兼多重身分的自由工作者。然而，自由也意味著失去了穩定——失去了規律的工作內容、失去了固定收入、失去了對生活的可預測性，需要忍受更多的曖昧模糊及不確定性。

自由的生活型態，是現今社會年輕人另一種生活典範。當你認同了：「人就是要追求自由的生活方式」的想法時，這個想法就會成爲你價值觀的一部分，與過去的價值觀互相衝撞、融合，最後取得平衡，整合進你的價值體系中。

而上一個世代對於職涯的觀點，總是認爲找一份「穩定」的工作才是最好的職涯安排，有固定的工作時間、固定的休假、固定且可預期的收入、以及變動幅度不大的生活型態。這份對「穩定」的堅持，來自於過去身處在物資相對匱乏的時代背景中，環境資源的不足造就了內心的恐懼不安，因此終其一生致力於減低不確定性，以讓生活能充分掌握在自己手中。

這份對職涯規畫的核心價值，也不知不覺地透過大人的身教或言教，滲入你的腦中，而在某種程度上，你會頗爲認同。然而在新世代中闖蕩的你，接收到新的職涯訊息，看到了更多新的職涯典範，也開始認同有別於上一輩的職涯觀念，對於「冒險」有了更多的期待與嘗試。

過著穩定的生活，或大膽去冒險，沒有孰是孰非的問題；甘於平凡或挑戰自我，都是需要勇氣的。問題是，你如何去調和來自上一代「穩定」與新時代「冒險」兩種關於職涯典範的信念與價值觀。

而你的夢想是否能夠符合或體現你心中的核心價值，因而能讓你更爲篤定踏實地往前進，同時內心感到安定自在。

這些問題往下探究，你會發現，大多數人們內心深處所重視的，不外乎被喜愛、被認同、擁有歸屬感、成就感、受肯定、受尊重、感受到重要性、獨特性與完整性、擁有權力、自由等，也有許多人重視的是對生活的可控制性或變動感。我們只不過是在透過不同生活方式的選擇，讓核心價值獲得充分彰顯。

因此，**你的夢想便是彰顯你核心價值的途徑。你需要去釐清你內心想要的是什麼、最重視的是什麼，讓你的夢想有個支撐，於是更能堅定前行。**花一些時間，深刻去探究你對於職涯、生活或生命的信念、價值觀，找到那些你最重視的核心價值。

這絕對不是一蹴可幾的過程，你需要來回地檢視、覺察、思辨，不斷透過自我對話加以釐清。一旦清楚了，當你走在夢想的路上，才會感到胸有成竹。

9 除非自己能支持自己，才有資格請求別人的支持

有位學員三年前曾在我的課堂上，分享自己的夢想，她想要成爲一名國小教師。她說到自己對於教育的抱負，以及對孩子的使命，那股銳不可擋的士氣，令人感佩。她剛完成大學學業，準備報考教育學分班，預計幾年後，將成爲校園裡的生力軍。

三年過去，我們再見面，她來參加我的另一堂課程。閒聊之下，我問起她的近況，是否展開教職生涯。她告訴我，還沒。

「老師，不瞞您說，我去報考教育學分班，也錄取了，讀了一個學期，就沒繼續念了。」

「怎麼了？發生什麼事了？」我好奇地問。

「是我家人，他們一直不支持我當國小老師。他們說，現在少子化嚴重，學生數

越來越少，國小教職缺額更是少之又少，等我念完教育學分班，取得教師資格，根本沒有正式教師的職缺了。」

我點點頭，繼續聽。

「他們又說，我雖然滿腔熱血，但教師甄試競爭這麼激烈，與其往窄門擠，不如早點去找別的工作做，免得浪費時間。」

「那麼，你對他們的說法，怎麼看呢？」

「我很不服氣呀！我覺得只要我有心，一定可以通過教師甄試，成為正式教師的，他們這樣說我，令我很生氣。」

「如果是這樣，妳應該堅持下去，不是嗎？」

「可是，他們不支持我呀！我不知道還要不要繼續下去，最後乾脆放棄算了。」

「我很好奇，一定得要得到家人支持，妳才願意去實現妳的夢想嗎？」

「我也不知道，我就是覺得，若他們不支持我，自己一個人單打獨鬥，似乎很沒有意義。而且，他們說的也不是沒道理，萬一將來沒有職缺，不就白忙一場？」

「所以，如果永遠等不到家人支持，你的夢想，就永遠擱著囉！」

「老師，我也知道夢想是自己的，家人支不支持都該去嘗試看看，但是，他們不願意支持我，總讓我感到缺乏一份力量，內心惶恐不安。我也很怕到時候，眞的進不了教職的大門，他們會怎麼看我，一定會很丟臉吧！」

當初，她一心想進入國小教職，報考教育學分班後，與父母起了激烈的口角，父母堅決反對他這麼做，要她不要痴人說夢話，浪費時間了。就讀教育學分班唯一的一個學期中，她與父母一直處在冷戰中。

她曾哭著問父母：「爲什麼你們不願意支持我？你們知道嗎？有你們的支持，我會更有力量，更有信心。爲什麼你們就不能支持我呢？」

父母回答她：「我們不是要反對妳，我們也是爲妳好。妳有妳的抱負沒錯，但現實是很殘酷的。而且，妳不能要求什麼事情，我們的立場都要跟妳一致，都要支持妳才行呀！」

就這樣，當時滿腔熱血的年輕人，在夢想面前打了退堂鼓。

類似的故事，我再熟悉不過了。過去我在中學裡服務時，也曾遇過許多爲生涯發展感到困惑的孩子，在面臨選組或升學選系的關頭，他們不是不知道自己的興趣或性向，而是自己想走的路無法獲得父母支持。這些人當中，有許多人選擇了妥協。他們覺得，與父母冷戰太痛苦，得不到父母支持太孤單，而且，說不定父母說的對，要是自己萬一失敗了，在父母面前一定很丟臉。

說到底，終究是對自己沒信心，於是要求家人得支持自己，讓自己感受到更多的力量，這裡頭存在著一些值得探究的問題。

處於孩子狀態的成人

非要等待父母支持，才願意大膽行動的成年人，事實上內心裡還是處在孩子狀態中的。

這些成年人即使長大了，仍然不斷在尋求他人的認同與肯定，內心裡最渴望的，就是獲得父母讚許的眼神。

這些人，即使在求學路上表現不俗，在事業上也一帆風順，但是面對人生中的重大決定，或者難以抉擇的關卡時，即使心裡已有定見，仍然要不斷詢問別人的意見。

別人說了什麼不重要，他們只是想有人贊同他們的觀點，幫他們背書；如此，他們才會更有決心繼續走下去。而其實他們最在意的，仍是父母的想法。

即使已經長大成人，他們仍把父母的意見置於自己的想法之前，擺放在一個獨特的位置，而非是眾多參考意見中的一個。因此，只要是父母點頭答應的事情，他們做起來順心如意；父母不支持的事情，便感內心匱乏無力。如果與父母的立場對立而僵持不下，通常會選擇妥協，因爲，放棄自己的觀點，才是父母眼中聽話的孩子，才會獲得讚許。

一直以來，他們都在扮演一個乖孩子的角色，於是，沒辦法眞正做自己，活出自己的面貌。**他們無法自我肯定，由自己給予自己力量，總是期待一個更強大的後盾能夠支持他們，通常是他們的父母，進入婚姻後，可能就是他們的伴侶，甚至是他們的孩子。**

於是，當他們有了獨立自主的需求，想要活出自己的生命面貌時，也會期待父母能夠繼續支持他們，給予他們認同的眼神。然而，這是不合理的，世代間難免存在著觀念上的落差，當父母持著反對意見時，他們感到痛苦萬分，裹足不前，甚至會哭鬧著要求父母一定得站在自己這一方，支持自己才行。

殊不知，如果什麼事情都要得到父母支持才願意邁步向前，那麼什麼也都不用做了！因爲，若你無法自己帶給自己力量，自己照顧自己的人生，你只不過是個尚未成熟的個體，長不大的成人罷了！

回頭照顧父母的需要

另一方面，因爲長期扮演聽話的乖孩子，過於熟悉的行爲模式便會反覆出現，這些人總會犧牲自己獨立自主的需要，去迎合或照顧父母的心情。**對他們而言，與父母有著相同的想法或行爲模式，是在家庭系統中忠誠於父母的最好做法，這讓他們能感受到一份歸屬感，也是一種盲目的愛。**

他們用這種方式照顧父母的需求，關注父母的心情，消耗過多力量在上一代身上，當然無法帶著更多力量將自己的人生過好。

所以，你可以看到，當這些人有了自己的夢想，即使一開始與父母有一番爭執，甚至僵持不下，到最後，他們總會在父母面前漸漸妥協，不再堅持，甚至告訴自己：「或許父母是對的！」同時，也會爲自己無法大膽實現夢想找到一個合理的解釋：「是父母不允許我這麼做，不是我自己要放棄的。」

沒辦法為自己的選擇負責

在系統中，爲了對父母表達忠誠，他們唯一負責的對象就是他們的父母，所以任何舉動都得看著父母的臉色，父母允許的事情他們才有足夠的力量去做。因此，他們也沒有學會爲自己負責，也就是自己的人生由自己來照顧。

於是，你可以看見這些人，在聽了父母的一番勸說後，即使不服氣，也開始認同起來：「是呀！要是萬一被爸媽說中了怎麼辦？」「爸媽說的好像挺有道理的。」「其實爸媽擔心的，也是我擔心的。」「之後萬一失敗了，我實在沒臉去見父母。」

問題是，你從事某事的成功或失敗，爲什麼總要與你的父母綁在一起呢？

當你成功了，你確實該感謝父母的滋養與照顧，但更重要的是，這是你的決定與付出造就的結果。

而當你失敗了，你唯一要面對與負責的對象是自己，而不是你以外的任何人，當然更不是你的父母。

其實，說穿了，我們要不是不夠想要實現自己的夢想，不然就是早已預期無法承受失敗的結局，因此，總是要求家人長輩的支持，以分散責任，好讓我們感覺輕鬆一點。當我們越是這麼做，就越輕易地被長輩施以親情的綑綁，永遠拿不回人生的主導權了。

現在開始，由自己支持自己

面對你的夢想，誠實地問自己一個問題：「如果這個世界上，沒有任何人願意支持我去實現夢想，我是否仍願意自己給予自己支持呢？」

如果答案是肯定的，你已經夠資格獨當一面地走向夢想的道路了。而此刻，你才有足夠的資格，去請求別人支持你。事實上，當你夠有決心，沒有人可以論斷你的夢想，只要不是傷天害理，也沒有人能夠阻擋得了你。你會發現，身旁其實存在著許多支持你的人，甚至，那些看似反對你的人，也會用某種形式支持著你。

唯有你願意自己支持自己，自己給自己力量，別人才會願意支持你。因爲，這代表你已經眞正成熟了。一個成熟的人，是不需要向外索討支持與讚賞的，因爲，他的內在早已具備足夠的力量。請深刻地反思，自己是否仍在尋求父母的認同與讚許，如果是這樣的話，請你體認到：「一個人的價值是與生俱來、不證自明的。」

該是斷奶的時候了。你不需要透過迎合父母的期待，或透過某些行爲表現，在父母面前證明自己是個夠好的孩子；你也不需要繼續扮演「乖孩子」的角色來照顧父母內心的缺憾或匱乏。**你唯一需要做的，就是把你的人生活好，活得精采出色，用這樣的方式來彰顯自己與生俱來的價值，同時，這才是對父母最好的回報——這是一份智慧的愛。**

而當你願意自己支持自己時，別人是否支持你，其實已經不重要了。

10 別把得不到家人支持，當作不願勇敢向前的藉口

「要不是當初家人不支持我，我現在早就是某大學的教授了。」在某國立大學系辦公室裡擔任約聘行政助理的小花，對於自己的生涯常有這樣的抱怨。

每當看到系上的師長們擺架子、搞官腔，對她做出無理的要求，或者，派系惡鬥讓她成爲中間的傳話人或代罪羔羊，她便不服氣地在心裡怨嘆著。

事實上，小花處理行政庶務的能力是系上師生有目共睹的，她的思路清晰、反應靈敏，遇到危機事件能夠臨機應變，是系上師長們不可或缺的得力助手，只是，她在這份工作上，總感覺到有志難伸。

十幾年前，小花剛從研究所畢業後，先是留在指導教授那兒擔任研究助理，幫教授完成了一期程的國科會專案研究後，教授見她相當具有學術研究的天分，極力鼓勵

她繼續攻讀博士班。小花興致高昂地回家與父母分享繼續深造的決定，本以爲父母會引以爲傲，沒想到父母竟擺出憂心的臉色：

「妳眞的要去念博士班嗎？妳想清楚了嗎？我們知道妳想繼續念上去，我們也沒有理由阻擋妳。不過，女生學歷這麼高，眞的好嗎？妳有沒有想過，當妳取得博士學位後，都幾歲了？到時候，會有適合的結婚對象嗎？而且，妳現在也不年輕了……」

幾次與父母溝通未果，小花把攻讀博士學位的計畫先擱著，來到大學裡應徵行政助理的工作，她盤算著盡量不讓自己脫離學術領域。沒想到，系上繁雜的行政庶務把她壓得喘不過氣來，每天淹沒在預算、報表、評鑑、活動及修繕等與學術研究無關的事務中，漸漸感覺到自己與原本得心應手的學問有些脫節。

好幾次，她刻意重拾書本，或到圖書館去翻閱相關領域的最新研究報告，竟發現自己已無法銜接。而這時候，她已經從碩士班畢業五年了。

這期間，好幾次再度興起報考博士班的念頭，但父母總以各種理由阻擋她，像是要她趕快找到結婚對象，再來要她照顧身體病弱的父親，不然就是家裡需要她的一份收入。

又過了兩年，小花認識了現在的另一半，交往一年後，在家人的催促下進入婚姻，也很快有了孩子。一轉眼，孩子都上了國小。而小花則持續在大學的系辦公室裡服務系裡的師生。

每當工作遇到挫折時，她常躲進廁所裡獨自哭泣。尤其是被那些大教授頤指氣使的時候，心裡總會出現這樣的聲音：「哼！我也是有能力當大學教授的人，要不是當年我的父母反對，不然，我也不需要在這裡被你們糟蹋！」

有幾年，她頻頻向另一半抱怨，自己原本有機會繼續從事學術研究工作，無奈現在只是個小小的職員，過著日復一日又沒有成就感的日子。先生被她的抱怨弄得心煩，好幾次告訴她：「如果妳真的這麼不甘心，現在可以去念呀！我支持妳！」

「你說得可容易呢！現在我是個媽媽，有家庭要照顧，怎能說走就走？孩子怎麼辦？你怎麼辦？」

儘管先生要她別擔心，他會想辦法讓小花沒有後顧之憂，小花依然覺得今非昔比，現在的時機已經不允許自己重拾書本了。

看來，小花若不再採取行動，就真的要遺憾終身了。

放眼望去，有些女性身兼多職，一邊工作、一邊照顧家人，又一邊攻讀學位，雖然辛苦，但也不是沒有；而上了年紀之後再重返校園者，也不在少數。然而，這麼多年來，小花的雄心壯志到哪兒去了呢？

原來，她把當初鑽研學問的衝勁都讓遺憾與怨懟給啃食掉了。小花把大部分的力量花在不甘、委屈與憤怒的心情上。她不斷抱怨家人不給她機會，對父母懷著一份恨意，但在一一迎合父母的要求後，有著重新發展人生的機會時，卻又不肯爲自己努力了。

小花來找我談話，分享了一陣子後，我試著探問：「會不會，其實妳也不太相信自己做得到？」

「嗯！你說對了。」小花低下頭來，慢慢地把內心深處的擔憂給說了出來：「其實，我眞正害怕的，是我根本沒能力完成博士班的學業。」

她說：「從小，我就是個在學業上不被看好的孩子。我的哥哥姊姊們都十分優秀，從小成績優異。爸媽都說我很乖，不會給他們添麻煩；只是，當他們看到我的課業成績時，卻時常搖搖頭，面露失望的神情。所以，我幾乎沒在功課上被家人稱讚過。」

「我一直想在讀書上有一番表現，證明給父母看。沒想到，當我打算繼續攻讀博士學位時，卻不被他們支持。只不過，我一直覺得，我能一路念到碩士，算是好運吧！要繼續念上去，一方面很興奮，一方面也很惶恐。我自問，一個從小讀書學習不被看好的孩子，怎麼可能讀到這麼高的學歷？」

「其實我心裡面是害怕的。」小花嘆了口氣說。

「所以，雖然妳嘴上說是父母不支持妳繼續念書，憤恨不平，實際上，妳內心也不相信自己做得到，是嗎？」我問。

她坐在我的對面，輕輕地點點頭。我慢慢可以理解，如果她是如此心有不甘，何以到了現在，孩子也大了，先生也願意支持，條件也具足，她卻怎麼樣也不願意重返校園，但又一直抱怨當初家人耽誤她的前程？

原來，是她自己要被家人耽誤的。

家人的反對，成了不願嘗試的最好藉口

小花明顯有著「資格感不足」的內在感受。**資格感不足的人，內心深處儘管知道自己「應該做得到」或者「表現不會輸別人」，但總有種「我沒有資格」得到某種待遇或光環的感覺。**因爲，從小，在兄姊的課業表現都比自己好太多的環境下，她一直不認爲自己在學業上值得被肯定，也一直覺得「把書讀好」不是自己應得的。因此，她才會覺得能念到碩士學位是「僥倖」「運氣好」，而並非靠著自己付出努力得來的成果。

資格感不足的人，常在面臨更大的挑戰時，臨場卻步。即使內心很想嘗試看看，但始終認爲成功與好運不會發生在自己身上，於是會想辦法讓自己退出競爭。

而爲了替自己不願嘗試或未戰先敗找理由，家人的反對與不支持，就成了最好的藉口。

確實，小花的家人觀念較傳統，一方面擔心小花的豪情壯志耽誤了她的婚姻，另一方面，也無意間傳遞出「我不看好你」的訊息，這份意圖實際上是在保護小花，畢

竟，從小到大在父母眼中，小花的課業表現並不優異。而小花也收到了這份隱微的訊息，再加上成長過程中讀書學習的經驗，讓小花在面對自己的夢想時，更加感到內心匱乏無力。

事實上，有太多人在自己的夢想面前，因爲不確定自己是否能做得到，而把決定權交給了自己的父母或家人——

我是否該換工作呢？這樣做眞的好嗎？問問家人好了！

我想出國留學，可是好像很辛苦，該怎麼決定呢？先看看家人支持不支持好了？

我想辭掉工作，只是這樣風險很高耶！不知道家人怎麼想？

該不該跟公司申請一年的假期去壯遊一陣子呢？問問看父母是否支持好了！

我好想轉系喔！但轉到另一個科系，我念得下去嗎？還是和父母商量一下好了！

只想獲得一個「你不行」的答案

在面臨重大決定時，找父母一同商量是無可厚非的，一方面透過告知以表達尊重，另一方面，父母的人生閱歷比我們豐富，或許能給我們一些有智慧的意見。但是，**很多時候，你是否能夠做得到，父母不會比你更清楚。如果連自己都不確定是否能做到，不相信自己會成功，在內心猶豫徬徨下，所謂的詢問父母或家人，很可能只是在尋求一個「你不行」的答案罷了！**

怎麼說呢？我們不是想要尋求家人支持嗎？

當父母或家人告訴你：「這樣不好！你別作夢了。」類似的回答，表面上，你感覺到不服氣，內心裡則是鬆了一口氣。於是，從那一刻起，你就可以名正言順地告訴自己或別人：「不是我不願意嘗試，是我的家人反對！」

實際上，你比誰都清楚，真正阻礙你向前邁進的，是你自己。這不是把自己人生的主導權交給了你的父母或家人，不然是什麼？

就好像，有很多學生，覺得自己再怎麼用功也考不好，乾脆放棄努力，一旦考試結果不如預期，便可以安慰自己：「不是我沒天分，是我沒有足夠努力而已。」這都是在爲自己的內心力量不足，找一個看似合理的藉口罷了。

喪失人生主導權，也無法為自己的人生負責

也許，當下的你，眞的身不由己——你必須照顧家人，你必須爲家裡提供經濟支援，你可以暫時選擇妥協。然而，如果這是你想要的夢想，內心的力量將會支持你在人生的某一階段，一步一步地接近你的夢想。

一個人的夢想從來不需要立刻就去實現，也沒有「錯失良機」這回事，人生這麼長，只要你願意，緩個幾年再實現，都是可以接受的。問題是，**如果連你自己都不相信自己做得到，父母家人的反對，就只會是你不願意勇敢行動的藉口了。**

從這一刻起，你便把人生的主導權交了出去，讓上一代來安排你的人生。然而，人類生命系統的發展是持續往前進的，如果你失去了人生主導權，而想透過聽從父母的安排，要求別人爲你負起人生成敗的責任，那麼，你正背離了系統發展的方向。

11 整體平衡——面對人生的變動，你能接受嗎？

大膽實現夢想，除了要做好心態上的準備外，更需要去檢視人生各方面的可能變動。而這些變動，自己是否能接受？

我不是一個鼓吹年輕人不顧一切直奔向前的人，反之，我是個務實的行動主義者。也就是，實現夢想很重要，但需要在照顧得到人生各個重要面向的前提下，瞻前顧後，逐步向前。若你爲了追逐夢想而必須捨棄人生中某些對你而言至關重要的面向，例如健康或親情，這並非明智之舉。

追逐夢想意味著要從事與過往截然不同的嘗試，這往往會帶來天翻地覆的改變。對某些人而言，變動就是一種冒險，代表脫離舒適圈，生活的節奏將無法如往昔般被掌握，隨之而來是某種程度的焦慮。

這種焦慮感我們通常不陌生，因爲，在人的一生中，當邁入新的人生階段時，常會有這種失序的感覺。例如：轉換學習階段、進入婚姻、有了孩子、搬了新的居住地、換工作、子女離家等。這些改變所帶來的失序，有的是在預期內，有的則在預料之外。

另一種失序感是來自於生活中的危機事件，例如：自己或家人重病、親人過世、經濟陷入困境、被裁員解職、重大災變、離婚、失戀等。

不管怎樣，**如果我們能夠及時地處理或適應改變，讓變動回到一個新的平衡與穩定，日子依然可以過得下去**。就好像，在寫這本書的同時，我的女兒出生了。當這個軟綿綿的小動物來到這個世界，成爲家裡的一分子時，我們夫妻倆的生活有了天翻地覆的改變，我們需要把大多數的時間與精力花在照顧這可愛的小傢伙上，原本的生活型態與步調都需要圍繞著孩子的需要而調整，這是所有新手爸媽都會經歷到的。然而，在孩子出生前，我們早已預期到這些變動勢必會發生，也盡可能先預作準備。雖然實際面對孩子的出生，仍有許多兵荒馬亂與措手不及，但我們總能很快地調整與因應，讓生活步調進入一個新的平衡狀態。

實現夢想的過程，就好像把自己帶入人生的另一個階段，也會掀起軒然大波，也

可能製造出危機。這是我們在展開行動之前，需要先去預想到的。越能考慮得當，觀照全局，你越有能力在變動來臨時及時因應，並很快地適應或回到平衡狀態。

因此，面對追逐夢想所可能帶來的變動，你需要從整體及系統的角度來照顧到人生的全局，並思考：「我是否能夠接受？」

生活滿意平衡輪

現在，請你拿出紙筆，在紙上寫下對你而言，人生中你重視的所有面向，如家庭、健康、人際關係、學業、社會地位、財富、成就、工作、自我成長、靈性／信仰、休閒、娛樂等，沒有標準答案，盡可能寫出來就是了。

接著，我要你從這些面向中，逐一刪去不是那麼重要的，只留下六個在你心目中最爲在意的面向。你可能需花一點時間思考一下，不過沒關係，你一定能找出最後六個重要的生活面向。

當你完成時，我要你在空白紙上畫一個約半徑五公分的圓，將六個面向依序寫在這個圓的圓周邊緣，試著讓它們等距離分布（如下頁圖示）。然後，從圓心畫出六條半徑，分別連至圓周的六個面向處。接著，在六條半徑上，畫出十等分的刻度。圓心代表0分，圓周處代表10分。

接著，我要邀請你，依照你的主觀判斷，在每個面向上的滿意度予以評分：0分是一點都不滿意，10分是完全滿意，5分則是在滿意程度一半之處。在各個生活重要的面向上，目前，你會給自己幾分呢？請在各半徑軸線上標註記號，並將它們連起來，看起來會像雷達圖一樣，於是我們完成了一張「生活滿意平衡輪」。

於是你可以很清楚地看到，在這六個人生重要的面向上，你的相對滿意度如何。而此刻的現狀，是你可以接受的嗎？若需要調整，你會從哪個面向開始調整起呢？

下一步，我要你在同一張圖上，畫上「當夢想實現時」各個面向的生活滿意雷達圖，你可以用不同顏色的筆呈現，便可以很容易地比較現狀和夢想實現後兩者的差異。

你可以透過這個作業去預想，當你大膽追尋夢想時，你的生活會出現哪些劇烈的變化？也許，你花費太多的時間在工作上，以致於對健康的滿意度下降，或者犧牲了

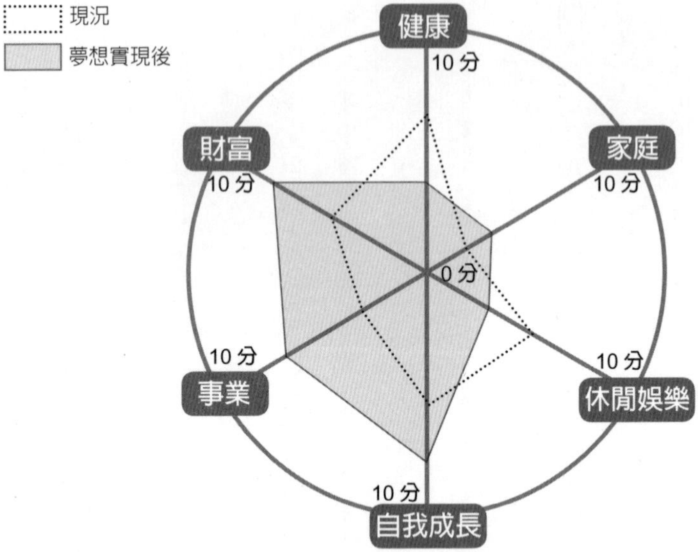

休閒娛樂，而事業與財富的滿意度增加了，其他則維持不變。

重要的是，**這樣的變動，是否是你可以接受的？如果有某些方面不能接受，你是否可以預先做些什麼，好預防或因應這樣的變動發生。**也或者，事實上，你就是因爲不滿意現狀，才要透過夢想的實現尋求突破；一旦夢想實現後所帶來的變動，正是你想要的，也是有可能的。

請探問自己以下問題，並在內心誠實作答：

（一）夢想實現後的狀態與目前

現狀之間，在各面向的生活滿意度，可能有哪些不同？最大的不同是哪些？有哪些是維持不變的？

（二）你是否能接受這些變動？特別是，某些面向的生活滿意度下降時。

（三）對於那些滿意度降低的面向，你可以做些什麼，提高其滿意度？

（四）如果無法立刻改善，你可以怎麼做，讓影響降至最低？

（五）面對夢想實現後，各面向的滿意度，現在我可以預先做些什麼準備？而有哪些是到時候再因應就好？

除了比較夢想實現後和現狀的差異外，你也可以試著用另一個顏色的筆，再畫出一個夢想實現過程中的雷達圖。於是你可以比較夢想實現前（也就是現狀）、實現過程中、和達成夢想後三者的差異，做更周全的預想與準備。

有許多人，執著於實現自己的夢想，卻弄到妻離子散、眾叛親離、積勞成疾。夢想是爲了自我實現，同時也是爲了讓自己的現狀改善，變得更好；若爲了實現夢想而失去了人生中一些需要守護的事物或價值，實在得不償失。

值得追求的理想人生，是不求每一個面向上的滿意度都要滿分，也不是要在某一個面向上攀上顛峰，**而是各個面向都能接近平衡，也就是能照顧到人生中各個重要的事物與價值，這樣的雷達圖呈現出來便是接近圓形的，稱為「圓滿」**。

在實現夢想的同時，你是否也致力於讓你的人生更為圓滿呢？

三贏原則

實現夢想的過程，影響所及的勢必不會只有你自己，前面所說的，親人情感的羈絆就與你的夢想息息相關。你需要考慮到，當你大膽去追尋夢想時，對於其他人的心情與生活的影響是什麼，究竟是傷害還是幫助。

除此之外，你還得把你與家人以外的第三者也納入考量，當你實現夢想時，對於這個世界是否是有正向助益的，或者帶來了災難？你又該如何去因應？

別以為你的夢想對世界沒有影響，或者影響都會是正面的。比如說，你的鴻圖大志是做個發明家，你的發明是人類文明的創舉，這會讓你得到至高的尊榮與成就感。沒想到，卻讓有心人士運用在作奸犯科上，那麼，你可能會後悔讓這項發明問世。

二次大戰期間，美軍在歐陸及太平洋戰爭的戰況吃緊，物理學家愛因斯坦與幾位科學家，因爲擔心德國製造出足以毀滅世界的超級武器，聯合致函羅斯福總統，表明美國應該率先其他國家發明出核子武器。而當原子彈被發明出來，在日本的廣島與長崎造成巨大死傷時，愛因斯坦卻深感沉痛。他表示，他一生中最大的遺憾就是上書總統提議研製核子武器。

神經語言程式學（NLP）是一門強調效果導向的學問，其中一個廣爲人知的假設前提便是「有效比眞實更重要」。意思就是，有時候我們並不清楚某些方法的效果是怎麼發生的，與其試圖去解釋，能有效果才是最重要的。然而，在強調效果的同時，必須通過「整體平衡」的檢核。

整體平衡指的是，一個生態系統中所有的元素都需要被照顧到。一個改變的發生，若爲系統中的某部分帶來傷害或負面影響，或不被某部分接受，這樣的改變雖然能帶來效果，卻是不妥的，效果也不一定能持久，需要另外考慮其他的做法。

「簡快身心積極療法」的創始者李中瑩老師進一步用「三贏原則」來闡述整體平衡的概念。**一項改變或效果的發生，必須考量到三贏，也就是「我好、你好、大家好」，能夠符合三贏原則的做法，才是理想的做法。**

當一個人爲了自己的理想，試圖脫離家人的親情綑綁，或與家人僵持不下時，在這樣的情境中，三贏中的「我」指的是「自己」，「你」指的是「家人」，「大家」指的是我和你以外的「第三者」，與這個理想沒有直接關聯，卻有間接影響的人。

許多人的困境是，若執著於走向不被父母允許的道路時，似乎會傷害到父母，雖然「我好」「大家好」，但「你不好」。於是，你會太過於考慮到家人或父母的感受，相對地，也忽略了自己的情緒與需求，這樣一來，「你好」，但「我不好」了。

然而，在面對家人反對而勇敢做自己的過程中，當「我好」時，「你」就一定會「不好」嗎？這難道非得是個零和的局面嗎？

如果我們一直以來過度承擔父母的痛苦或匱乏，我們所做的事情只是在彌補父母成長過程中的缺憾，於是我們無意間承接了不屬於我們該負的責任，而無法讓父母意識到他們的人生得由自己照顧，**我們繼續透過犧牲自己的理想，不讓自己真正長大來**

滿足父母的需求，這樣真的對父母是好的嗎？

或許，努力掙脫父母的親情綑綁，而讓自己勇敢做自己，不再以一個孩子狀態的面貌面對父母及自己的人生，其實就是在把責任交還給父母，讓他們能夠從中覺察並自我負責。**雖然這段衝撞很痛苦，卻能促使他們成長，事實上，才是真正對父母好的，也能讓整個生命系統繼續往前進。**如此，便達到「我好、你好、大家好」三贏的境界了。

當你在實現夢想的過程中，請不斷地用「三贏原則」來檢核你當下正在採取的行動，是否對身旁的人造成影響，是否能持續且長久地保持在「我好、你好、大家好」的狀態中。

保持彈性，允許意外發生

最後，我們得承認，再怎麼深思熟慮，都無法預測到所有的變動，也不容易完全關注到所有相關人等的狀態。那麼，就保持彈性，允許那些沒辦法預測到的事物發生吧！

很多時候，我們需要步步爲營，持續爲即將發生的問題預做準備；也有很多時候，我們且戰且走，事情發生了再去處理。保持你的靈活與彈性，你將越能適應那些突如其來又充滿未知的挑戰。

重要的是，你得從自己身上跳脫出來，從系統的角度綜觀全局，全面考量你所重視的各個層面，以及這項決定影響所及的相關人等，這會讓你更清晰也更能接受各種因爲追尋夢想而來的生活變動，嘗試去爲那些你能掌握的努力，同時接受那些不能改變的事物，如實地允許它們發生在你的生命中。

第三章

蛻變：

選擇只帶走愛，其餘的交還給家人

12 邁向真正的獨立成熟

俊生在國中以前，被父母規定平時只能在居住的社區內自由活動。因爲社區大門前就是一條人車川流不息的大馬路，俊生若要出社區大門，一定要有父母或其他大人陪同。

國小五年級時，班上一位住在鄰近社區的同學阿強，邀約俊生去他家玩。阿強的爸媽剛買了一部最新款的遊戲機給他，除了俊生以外，另外還有其他同學也要一同去嘗鮮。

「走啦！週末下午，要不要一起去？」阿強興奮地邀約。

「這個，我要問我爸媽才行……」俊生回答。

俊生詢問父母時，父母一口回絕：「那天下午我們很忙，沒有人可以接送你去同學家！」

「我可以自己騎腳踏車過去呀！我會很小心的。」

「不行！太危險了！別再說了。」

俊生覺得很沮喪，其他同學都可以自由活動，愛去哪兒就去哪兒，自己卻像被關在籠子裡的鳥兒一般。當晚，他暗自做了一個決定，計畫瞞著父母自己前往同學家。

週末下午，俊生告訴父母，要去找社區裡的一位同學討論作業，隨即出門。到了社區大門，跨上事先放在牆邊的腳踏車，穿過那條被父母視爲危險禁地的馬路，進了巷子，左拐右拐，就這樣踩著踩著到了阿強家。

「哇！俊生，你來了，快進來。」阿強拉著俊生進到家中客廳，一群同學陸續抵達，大家七手八腳地玩起新款的遊戲機。

俊生的心裡有些不安，頻頻看向牆上的時鐘，過了約兩個小時後，俊生說：「我可能得回家了。」

「吼！現在才幾點，不要掃興啦！」

「可是，我太晚回家會被爸媽罵啦！」

「你爸媽管很多耶！你做什麼都要先問他們，只是晚一點回家也會被罵，何況，現在還早啊！」阿強和其他同學抱怨道。

俊生還是跨上腳踏車，趕緊回家。回程的路上，俊生的內心反覆浮現阿強的話。「同學的父母爲什麼可以允許他們如此自由？」俊生的心裡升起了這樣的疑惑。

這不是第一次俊生有著類似的感覺了。

每次班上同學提議一起做些什麼事，同學們都在當下一口答應。只有俊生會說：「我要先問過我爸媽。」或者「我怕我爸媽會不同意耶！」俊生常因此被同學投以異樣的眼光。

然而，俊生很清楚，父母的管教比較嚴，不會允許的就絕不允許，沒得商量。有些則要看父母的心情，運氣好，便有機會和同學一塊兒活動。

上次偷跑出社區去找同學的經驗，沒有被父母發現。俊生便越來越大膽，好幾次在沒有告知父母的狀況下，獨自溜出社區去找阿強。

不久，事情終究曝了光，俊生被父母禁足將近一個月。放學後只能趕緊回家，放假連家門都出不了。俊生悶壞了，不斷和父母鬧彆扭，大聲呼喊著：

「爲什麼同學都可以要去哪裡就去哪裡，我卻被管得這麼嚴？」「只是過個馬路而已，我又不是小孩子了，爲什麼如此不放心？」

經過幾次的衝撞，終究，父母在俊生上了國中後，允許他的活動範圍可以離開社區了。

幾年後，俊生離家去念大學。有一次，社團的夥伴約好在暑假期間一起環島旅行一個星期，俊生相當興奮地表示想加入。俊生立刻撥了通電話給父母，他對電話那一頭的母親說：「媽，我暑假可以和同學一起去環島旅行嗎？大概一個禮拜，可以嗎？」

母親爽朗地回答：「可以呀！注意安全就是了。」

俊生開心地說：「眞的嗎？太好了！」

一旁的同學聽到了，納悶地問：「俊生，爲什麼和朋友出遊這件事，你需要徵詢父母，而不是告訴父母一聲就好？」

「什麼意思？」俊生一頭霧水。

「剛剛你在電話中，對你媽說：『我暑假可以和同學一起出去玩嗎？』而不是：『我暑假計畫要和同學一起出去玩喔！』前者是徵求同意，後者是告知，你是前者。可是，你明明已經成年了……」

聽了同學這麼一說，俊生猛然發現，好像眞的如此。

小時候，俊生被父母管得嚴，不論大小事都得請示過父母才能去做；而現在早就已經有很大的自由，可以自己做決定了，卻仍然改不掉這個凡事得徵求父母同意的習慣。

如果不這麼做，會怎麼樣嗎？

事實上，不會怎麼樣。但總有股罪惡感油然而生，那感覺彷彿是欺騙父母、背叛父母，或者，不在意父母的感受。儘管，俊生一點這樣的意思都沒有。

過去的他，十分渴望獨立自主，自己的事自己做決定；而眞正長大後，反而沒辦法讓自己眞的獨立自主，仍需要取得父母允許後再去做，才會比較安心。

就是這份矛盾的感覺，綁住了許多夢想走自己路的年輕人。

一個人從依賴邁向獨立的過程，常是痛苦的，必須經歷許多衝撞，才能爭取到自己做決定的空間。而當眞正可以做自己時，卻又持續在意著父母家人的想法及感受，就連「沒有先問一聲」，都會感到罪惡。然而，我們並沒有做錯什麼，爲什麼要感覺到罪惡呢？

那是因爲，父母從小用權威與是非對錯的教條來規範我們的行爲，限制我們做決定與行動的範圍，**同一時間，也不自主地傳遞出許多情感，包括擔心、恐懼、焦慮或不安，包裝在愛與關心之下，用言語及表情釋放出來：**

「你知道，你這樣亂跑，爸媽有多擔心嗎？」

「你知道，每當你太晚回家，爸媽都要爲你提心吊膽！」

「跟你說不可以，你偏要做，眞是讓我失望！」

「你難道不怕會發生危險嗎？你不怕，我很怕呀！」

「連問都不問，就要出去了，你有把爸媽放在眼裡嗎？」

這些話語，在我們還是個未成熟的個體時，對我們是有保護作用的。然而，當我們長大時，即使父母已經不再這樣對我們說話了——當然也可能依然嘮叨不休——但我們卻把這些話牢牢記在心裡；甚至，把話裡的恐懼、焦慮、無助與不安通通承擔下來，認爲自己仍有責任照顧父母的這些心情，不讓父母擔憂，活得有安全感。

我們用這種方式與父母連結，但也因此與父母之間的情感糾結不清、責任混淆，這便會讓我們想獨立時卻無法眞正地做自己，仍不由自主地想做那個能讓父母放心，

或者獲得父母認同的乖孩子。

從此刻起，真正成為成熟的個體

長大的過程已經相當辛苦了，我們常需要在關係連結與獨立自主間痛苦掙扎。如果你眞的想勇敢做自己，渴望追求自己的夢想，長成自己獨特的樣貌的話，我要你開始眞正的長大成熟——不只是身體、智力或生活技能的提升，而是心理上眞正的成熟。

什麼是心理上的成熟，已有許多人下了精采的定義。我個人認爲，針對想要勇敢做自己的人，必須體悟並能做到：「自我決定並自我負責」以及「能照顧自己同時照顧他人。」

（一）自我決定並自我負責

關於自己的事情，自己做決定。不要求別人幫自己做決定，也不把自我決定的人生主導權讓渡給其他人。同時，不論結果好壞，皆由自己一肩扛起責任，不怪罪他人，也不退縮耍賴，更不要求別人得承擔自己的責任。

問題是，有許多人即使長大了，仍然無法分辨什麼事是屬於自己的事情。就像前述案例中的俊生，上了大學也成年了，連假期如何安排，都需要問過父母，獲得父母允許。

那麼，究竟如何判斷一件事情的歸屬呢？我們可以借用阿德勒心理學中「課題分離」的概念。在《被討厭的勇氣》一書中提到，判斷一件事情究竟是屬於誰的課題的方法，就是去問問：「誰該承擔這件事情最終的結果？」

俊生既然把決定暑假環島旅行的主導權交給了父母，如果父母不贊同俊生與同學去環島，俊生有可能真的就不去了，接著再怪罪父母不夠開明，管太多，不信任自己等。這時，他正是把無法去旅行，而感受到苦悶與不悅的責任，全推給了父母。

（二）能照顧自己同時照顧他人

照顧自己，需要清楚地知道自己的需求是什麼，並做些事情來滿足這些需求，而非壓抑、否定或質疑這些眞實發生在自己身上的事情。個人的需求常會在某些特定情境下，透過某種情緒感覺或身心狀態呈現，只要你留心關照，你就能發現——或許是尋求認同、被肯定、被理解，以及擁有歸屬感。於是，你需要強化自我認同，接近與理解自己的情感，與他人建立與維持有意義的人際連結，進而感受到歸屬感。

這對於長期與自我疏離的人而言，是相當困難的；尤其，如果你的人生主導權一直掌握在別人手中，你可能也鮮少有機會掌握或接觸自己的情感或需求。我會建議你尋求專業的心理諮商協助，參加各式心理成長課程，或者閱讀更多身心靈成長類的書籍。你也可以參考本書第一章第六節中，關於情緒覺察五個自我探問的練習，都有助於你慢慢開啓對自我身心狀態的覺知。

在此同時，你也得理解及顧慮到別人的權利與感受。你做的事情必須以不侵犯他人的權利與界線爲前提，若能同時滿足自己與他人，達到三贏原則的境界，那就是更好的了。

若魚與熊掌不可兼得，在照顧自己及他人需求之間有衝突，則要先照顧好自己。這不是自私，而是在身心都強大的前提下，才有能力帶給他人力量。因爲，我們是給不出自己身上沒有的東西的，自己的內心匱乏無力，又如何能帶給別人身心上的滿足呢？

俊生對於與同學環島旅行興致高昂，在不傷害到自己或他人的前提下，應該要去照顧到這份想要揮灑青春的需求。若顧慮到父母的心情，除了告知父母以表達尊敬外，還可以在沿途中定時向父母報平安，同時不輕易嘗試危險的活動以自我保護。

生活中的微小練習，逐步取回人生主導權

想一想，從小到大，每當遇到人生抉擇的關鍵點，主導權都是在誰的身上呢？是你自己，或者家人？或許，很多時候你可以決定許多事情，但若遇到與父母家人意見分歧，僵持不下時，通常會聽誰的呢？或許，你早就習慣讓父母或家人代替你決定生活大小事，因爲，你知道爭取也沒有用，最後，你也懶得去想了。

別忘了，一個眞正成熟的人是需要「自我決定且自我負責」的，你需要逐步將人生的主導權拿回來，如此，你才能眞正的邁向獨立自主，做那個獨一無二的自己。一

個長時間失去自我人生主導權的人，或者總是仰賴別人來幫你做決定的人，不容易在一時之間就爭取到為自己做決定的權力，就算主導權送交你手上，你也會慌了手腳。

因此，在生活中的微小練習，便相形重要。

如果你是一個未成年的孩子，可以練習多向父母爭取一點點做決定的機會——如何運用休閒時間、選擇結交哪些朋友、參加哪些學習活動、規畫讀書計畫與進度、決定是否補習、選擇穿著打扮的形式、出門時的交通方式、如何布置房間、決定升學的學校或科系……等。

你可以預期，父母肯定會很不習慣，但他們也得練習逐漸放手。所以，**你需要盡力去表達你的想法或觀點，但不是和他們吵架，而是讓他們意識到，你也擁有決定與規畫自己人生的權力，他們需要給出你空間**。持續在生活中做小小的努力，為自己多做一些決定。最重要的是，為自己的決定負起完全的責任。

如果你已經是個成年人，可以多向父母或家人爭取一點點自己做主的空間——選擇居住地點、選擇婚戀對象、金錢與理財規畫、安排進修學習、選擇工作職場、安排國內外旅行、合理照顧家人的時間、與手足輪替承擔家庭責任、選擇宗教信仰……等。

不要一開始就從最困難的做起，選擇微小且易成功的事情做為出發點；一旦有了成功經驗，你會感到更有自信，再逐步向前。我們不需要立刻在家庭系統中掀起翻天覆地的大震盪，**僅是微小的改變，都能促使系統動力開始有所不同。**

同樣的，若你是被困在家庭中的家庭主婦、被困在公司中動彈不得的小員工、被困在一段婚戀關係中失去聲音的伴侶……都可以練習在生活中做一點點微小的改變，爭取多一點為自己做決定的機會，一天一點點就好。

好吧！就從今天開始吧！請為自己做兩個微小，但過去從沒嘗試過的決定，即使很小很小都沒關係喔！

決定一：
決定二：

一旦成功了，請記得持續做，明天也要堅持。到了下個禮拜，再找兩個從沒嘗試過的新決定，如此日積月累。如果你遲疑了、猶豫了，請提醒自己兩項獨立成熟的指標：

（一）自我決定並自我負責。

（二）照顧自己也照顧他人。

最後，請站在「三贏原則」的整體考量下，衡量做決定的效果——「我好」「你好」「大家好」，肯定是「我」先好，其他人才會好。

13 每個人的人生只能由自己照顧

就讀大學四年級的阿胡，因爲一再地情緒失控，伴隨著爆怒與衝動行爲，把人際關係搞得一團糟。終於在幾位高中好友的勸說下，去掛了醫院精神科，被醫師轉介心理諮商。

在心理諮商中，諮商心理師帶著阿胡自我探索，並學習安頓情緒的方式。幾週後，阿胡覺得自己穩定多了，也漸漸恢復力量。同時，阿胡開始對自己長期以來的行爲模式感到好奇，究竟是受到什麼影響，而成爲現在的自己？

在諮商心理師的建議之下，阿胡參加了一系列兼具治療性與成長性的心理課程。

重新審視那些不想再面對的童年時光

課程中有很大部分在探討家庭互動議題，講師運用幾個技巧幫助學員自我探索。突然間，阿胡內在湧現了強烈的情緒，一股悲憤、沮喪、無奈與無力交織的複雜感受，卡在胸膛與喉嚨，難以釋放。

「告訴我，你現在有什麼感覺？」講師似乎發現阿胡的狀況，前來關切。

「我覺得很不舒服。我感到很生氣，又有著無力感，我很想哭。」阿胡邊說，眼淚邊掉了出來。

「好，深呼吸，放輕鬆。告訴我，你的腦海中浮現了什麼影像？是否看到什麼畫面？」講師繼續引導阿胡探索著。

「很昏暗、很昏暗……我看到我的父親……」阿胡停了一下，講師溫暖地鼓勵著阿胡繼續說：「還有，我母親在哭……」

「我看到我父親夜晚喝醉酒，回到家，毆打我的母親，我和我母親抱在一起痛哭……」阿胡邊說邊發抖。

阿胡描述的是國小時家中時常上演的場景。做生意失敗的父親，有嚴重的酒癮，每晚總是醉醺醺地回到家，並不時對母親拳腳相向。身爲獨子的阿胡想要保護母親，卻總是無能爲力。只能在父親施暴停歇後，抱著母親，安慰受了傷且淚流滿面的母親。

上了國中，父親過世了。阿胡與母親相依爲命，家裡倒也平靜了一陣子。然而，阿胡卻發現母親極度缺乏安全感。尤其對於阿胡，大小事情都要一再過問，一再確認。阿胡的未來發展，母親也干涉頗多。阿胡雖然覺得壓力很大，與母親偶有爭執，但也總是順著母親，盡可能讓母親放心。

真相大白——發現問題來自於原生家庭

這一次探索原生家庭的經驗，令阿胡相當震驚。一直以來，自己時常沒來由的情緒失控，與一再循環的自我挫敗模式，似乎慢慢找到了端倪。

原來，自己一直透過當個乖孩子，扮演著照顧母親的角色。總是盡可能滿足母親的需求，而犧牲自己的理想與抱負；總是試圖表現得讓母親放心，而壓抑自己的喜好、興趣與冒險的心情。

原來，自己一再失控的爆怒情緒與衝動個性，是不自覺地複製了父親在因應挫敗時的行爲模式。但又在每次情緒失控後感到懊惱不已，自責之下又累加了更多憤怒，接著一發不可收拾地爆發。

原來，自己面對未來與挑戰時的無力感，來自於總是無法眞正做自己。長期以來，母親因爲缺乏安全感，而透過各種情緒勒索的形式隱隱地控制著自己，而自己又對母親有著深深的愧疚與不捨，做什麼決定總要顧慮著母親。

原來，那些不被接受的自我放逐與自我破壞，來自於總是覺得自己不夠好。內心深處的自我否定，讓自己在期待未能滿足、目標未能達成時，便自我放棄，用擺爛、退縮、拒絕面對、放棄學習與沉迷網路等方式，去驗證內心裡最不想面對的眞相——我是一文不値的。

因為懂了，所以無需再自責

看懂了這一切，阿胡感到較爲釋懷。他知道，他不再需要自我責備，因爲錯不在自己，是原生家庭的紛紛擾擾，使他成了現在的模樣。

心理課程結束後，阿胡回到南部的家一趟，把長久以來的委屈與怨恨，一股腦兒地發洩給母親。在與母親的口角爭執中，阿胡對著母親怒吼：「我現在會這樣，都是你們害的！」又說：「我眞的很倒楣，生在這樣的家庭中！」從那天起，每當阿胡生活不順遂、心情不佳時，便會在心裡告訴自己：「是我的家庭害我變成這樣的，不是我的錯。」

往後，阿胡便很少回家，也很少與母親聯繫。阿胡失序的情緒與行爲雖有改善，但卻仍然每天渾渾噩噩，面爲未來的態度消極，但也不願意多想……

阿胡的例子，並不少見。

找個可以怪罪的對象，因為還無法為自己負責

心理課程中的探索，成功地幫助阿胡看清楚發生在自己身上那些重複出現的行爲模式的來源，在恍然大悟之後，終於不再需要自我責備。然而，阿胡也順理成章地把童年的家庭經驗當作自己生活始終不如意的藉口。

常常，當我們遭遇挫折困頓時，若有個怪罪的對象，便不需要爲自己負責。心裡雖然會好過一些，但是情況仍然沒有改善。

我們確實都受到過去的影響。小時候，我們沒得選擇，只能無力地在家庭風暴中載浮載沉。長大了，當我們有能力脫離家庭的束縛，開始過著嶄新的人生時，許多人卻還把自己困在一個自己爲自己打造的牢籠中，並且不斷地說：「都是你們害我走不出來的！」

看看生活周遭，有許多人，總是抱怨自己的身世坎坷、遇人不淑，把自己放到一個「受害者」的位置上，弄到身旁的人受不了這股「負能量」而紛紛離去。也有許多人，總是一次又一次地尋求各式心理協助，情緒獲得短暫的釋放後，問題依舊，就是

不願意透過行動在生活中做出改變。

他們難道沒看懂自己究竟怎麼了嗎？其實都懂。然而，「看懂」只是個開端，問題是，他們還沒有爲自己負起責任呀！

人生是你自己的，只有自己能照顧

任何形式的心理協助（包括閱讀、講座、體驗式課程、個別或團體的心理諮商與治療等），常能幫助人們看清自己的困擾與行爲模式的來源。深度的覺察有助於人們脫離未知的焦慮，增加對自己行爲的掌控感。然而，如果只是把造成困擾的原因做爲人生卡關的藉口，而有個持續怪罪的對象，就可惜了這份覺察的意義，你的人生仍然在原地打轉。

是的，阿胡的改變才剛要開始。阿胡需要體認的是，人生而有其價值，儘管得不到父母的認同或肯定，仍然可以由自己肯定自己。

阿胡或許該好好地去欣賞自己，究竟自己是如何有力量度過那段恐懼不安的慘澹歲月？自己是如何在百般不願下，仍然體貼地照顧母親？自己是如何在狀況最糟時，願意面對問題而幫助自己接受協助？

當他能見證自己身上有著不平凡的資源，同時轉化與運用這些資源時，他將更有力量繼續往前走。

面對家人，阿胡需要的，**是深度理解父母的局限——父母也有自己難以言喻的故事；試著理解與體會，即使自己身在一個紛擾不斷的家庭中，仍然有著來自家人的愛。**

阿胡需要的不是把家人當作怪罪的對象，而是思考如何與家人和解；不是期待家人改變，而是從自己做起，把自己的人生活好；不是與原生家庭失去連結，而是找到連結得更舒服、自在的方式。

這世界上除了你自己，沒有任何人能夠幫得了你。任何形式的心理協助都是幫助一個人開啓自助的過程，你終究得靠你自己，爲自己負起責任，因爲這是你的人生，不是別人的。

尊重並不干涉他人的人生

除了照顧好自己的人生外，我們還得尊重他人的人生，將他人的人生交還給他自己去照顧。

當爲人子女透過過度承擔、複製、犧牲自我與順從等方式，試圖忠誠於自己的父母，與父母有著情感連結，事實上，正在干預父母的人生。

怎麼說呢？父母那些對子女發展的限制與或狹隘的期待，背後總是摻雜著許多恐懼、焦慮、不安、無力或匱乏，而這些感受則是來自於成長過程中的創傷經驗，特別是與原生家庭息息相關。一樣地，當父母長大成人後，他們也需要爲自己負起照顧自己人生的責任；但他們沒有，他們透過各種有形或無形的方式，綑綁住自己的孩子，要孩子長成他們內心期待的樣貌，而讓自己彷彿重新成長過一次。於是，他們把照顧自己的責任交由孩子去承擔了。

而如果子女在長大後，擁有獨立自主的力量，卻依然像孩子一樣，透過扮演一個乖孩子來照顧父母的心情，正讓父母持續無法自我負責。

事實上，子女是不可能代替父母解決他們身上的問題的。而在生命系統中，下一代若消耗過多的力氣在上一代身上，則沒辦法往前看，把自己的人生活好。**因此，父母需要學會對孩子放手，孩子也需要練習對父母放手。否則，彼此都是在干預彼此的人生，都是不尊重他人界線的表現。**

問題是，我們已經在心理上及行爲上過度承擔父母或家人的苦痛或匱乏許久了，該如何放手，將照顧人生的責任交還給他們呢？除了不斷練習自己做決定，取回人生主導權外，更需要在心理及情感上，眞正地與父母劃清界線。

下一節「交還責任法」的練習，就是你亟需學習的！

14 把過度承擔的部分交還給家人

閱讀到這裡，你大概知道自己之所以難以脫離父母家人而獨立自主，眞正勇敢做自己，常是不自覺地過度承擔了本該由父母或家人自己承擔的情緒責任，像是他們成長過程中的匱乏、不安、焦慮、恐懼、委屈與無奈等。

理智上，我們知道別再擔負不屬於我們的責任了，但在情感與行爲模式上，卻無法一時片刻就把長期扛在肩頭上的責任給卸下，甚至交還給他們。

究竟，該怎麼辦呢？

在二〇一五到二〇一六年期間，臺灣神經語言程式學學會（TBNLP）邀請大陸知名的心理治療大師暨「簡快身心積極療法」創始人李中瑩老師多次來臺分享，令人印象深刻。同時，其弟子張曉紅老師也排除萬難，爲臺灣的專業人士開設爲期一年的簡快身心積極療法認證班。當時，我有幸躬逢其盛，在心理諮商與治療專業上有了跳躍式的進步。而後在出版社的邀約下，寫成了以簡快身心積極療法爲理論基礎的情緒調適書《此人進廠維修中：爲心靈放個小假，安頓複雜的情緒》。

簡快身心積極療法結合神經語言程式學（NLP）基本假設與技術，強調短期、實用、簡單、明快、易上手，多次練習後易見效，可以用來自助或助人。當中也大量借用德國心理學者海寧格所創的家族系統排列療法的觀念與技術，經過改編、簡化與本土化後，形成處理人我關係的助人技巧。

其中，最令我印象深刻的，是一系列處理與原生家庭父母關係的技巧，包括「接受父母法」「交還責任法」與「借父母力法」，對於釐清親子之間的界線，促成親子和解，以及提升個人存在資格感等議題，都相當有幫助。

在本節中，我們要學習的正是「交還責任法」。

你可以將此技巧用在處理與父母之間的緊張糾結關係上，也可以用於親密伴侶關係、朋友關係、合作夥伴關係，以及與上司或下屬的關係中。

因爲，每個人的生命都是來自於父母，在人際關係中顯現的困境，常與成長過程中個人的需求未能獲得父母充分照顧與滿足有關，包括想要被愛或被認同而未果，於是常會把這些匱乏或不滿，投射到關係中的其他人身上，要求其他人來滿足自己。

事實上，許多人就是長大了，仍在父母以外的關係中找父母。

於是，我們需要將別人無意識投射到我們身上的期待、要求、情緒或責任，交還給對方本人，以及對方背後的父母去照顧與承擔。通常，我們便會感到更加輕鬆自在，因爲我們從那些交纏不清的情感與責任中鬆綁，獲得自由了。

過去我在中學服務，總有些青少年個案與我會談時，談到與父母的關係，他們常抱怨，面對父母總感覺到壓力很大，但又不想讓父母擔心難過。於是，我引導他們做「交還責任法」的技巧練習，當下立即幫助他們減輕面對父母的壓力感受，累積了不少成功的案例。

然而，我總會叮嚀他們，當下有效果不代表回去後會持續有效，若要讓效果持續，一定要經常反覆練習。我個人也常使用這個技巧在與家人相處，以及任何讓我感受到壓力或挫敗的人際關係上。

曾經遇過一位高二的女孩子前來求助。她結交了一位情緒不穩、常失控爆怒，且控制欲很強的男友。交往三個月後，越覺得對方是個危險情人，想要趕緊離開他，但又不知道怎麼跟對方提分手，令她猶豫不決。

我與這孩子討論了一陣子之後，引導她做了一段「交還責任法」的練習。當天會談結束時，她告訴我，她知道該怎麼做了。下個禮拜再來談，她說，他們已經分手了。

事實上，分手時要說些什麼，注意些什麼，她都知道，只是，當下她無力與僵硬的心理狀態困住了自己的腳步。而「交還責任法」只不過是幫助她從壓力狀態下鬆綁，更有力量將該執行的任務完成罷了。

時常用情感或教條綑綁住我們，而讓我們在追逐夢想時裹足不前的人，常常是我們的父母；在這裡，我就以父母爲對象，逐一說明與拆解「交還責任法」的操作步驟。

檢視與調整心理位置

現在，找一個無人打擾的空間或位置，或坐或站，試著讓自己保持穩定且平靜。你可以睜開眼睛或閉上眼睛，只要能讓自己感覺到更專注就可以了。接著，做幾個深呼吸，逐漸放鬆自己的身體。

當你感覺到足夠放鬆時，試著在內心裡想起你的父親或母親（一次練習面對一個對象就好），想像他就在你的面前。當你看著他的時候，他的表情看起來如何呢？我要你將注意力放在他的眼睛上，請檢視一下，你與對方的視線，誰高誰低？是平視的，或者有高低落差，落差大嗎？

檢視內心視線高低落差，常能呈現我們與對方的心理相對位置。

（一）對方的視線高於我時：亦即我需要稍微抬頭往上看對方，表示我把對方放在比我還要重要的位置上，因此，我會對對方有著尊崇、敬重，或者恐懼、壓力及無力的感受。

（二）對方的視線低於我時：亦即我需要稍微低頭向下看著對方，表示我把對放在比我還要卑微的位置上，而我的心理地位優於對方。因此，對方對我而言，可能會令我感到輕蔑、厭惡、鄙視、厭煩，或可有可無，缺乏重要性。同時，我們也會覺得對方能力相對不足，會比較想要去照顧對方。

在生命系統中，父母的位置總是高於我們的，而我們從小是仰望著父母的眼睛長大，理當在心裡面將父母放在一個比我們還要高的地位上。如果父母的視線低於你，要不是你在內心裡否定父母，認定父母的無能，試圖忽視父母的存在，不然就是過度照顧父母的需求，因爲對父母不放心，因而時常干涉父母的人生，總要代替父母做決定。

所以，請檢視你與父母之間的心理位置，接著調整視線高度到「父母略高於我」的相對位置。

你可以想像，自己的手中拿著一個神奇的遙控器，上面有著「向上」與「向下」兩個按鈕。

當按下「向上」的按鈕時，感覺到自己的身體漸漸被往上抬升，視線也開始高於對方，體驗一下，這是什麼樣的感覺？

當按下「向下」的按鈕時，感覺到自己的身體漸漸往下降低，視線也開始低於對方，體驗一下，這是什麼樣的感覺？

你可以不斷地上下升降看看，找到一個與對方的視線最舒服的相對位置。

面對父母，通常要讓父母的視線略高於我們，但也不需要高出太多，因為我們已經長大成人了。若是面對其他人，如手足、朋友、親密伴侶、同事或上司等，則可以調整為與自己的視線齊平，或讓自己略高於對方，如此會感覺到比較輕鬆自在。

這是快速調整人我之間相對心理地位的方式，在任何時空環境都可以輕易操作。我時常在與朋友聚餐時，當朋友聊到他與某人之間的衝突或不愉快時，邀請朋友進行調整視線的練習，只是如此，朋友就能感到心情舒服多了。

交還責任

接著，就要進入這個技巧的重頭戲，正式展開交還責任的步驟。

當你面對你的雙親之一時，請你帶著尊敬且眞誠的心情，在內心對著對方說話，可以的話，說出聲音來讓自己聽得到更好：

「爸爸／媽媽，我的生命來自於您，爲此我謝謝您，也謝謝您對我的付出與照顧，讓我擁有活在這個世界上所需的力量與能力。我永遠把您放在心中重要的位置去尊敬。」

說到這裡，停一下，感受一下現在的心情。這段話代表的是對父母的接受與尊重，並臣服於在生命系統中父母的地位高於子女這樣的事實。

「現在，我已經長大了，我已經具備讓自己過得成功快樂所需的能力了。我知道，您對我仍有許多擔心與焦慮，甚至有些過度期待，而這裡面，有一些是出自於您對我的愛，而有一部分，則是您成長過程中的匱乏與局限。那些您成長過程中無法被滿足的需求，應該由您本人，或者您的父母來負責，而不是由我來承擔。現在，我要將那些不屬於我該承擔的部分，交還給您，以及您的父母，由您本人及您的父母來照顧您的人生。」

這段話，是在向父母表達對他們的理解，以及即將交還責任的意圖，讓父母有個心理準備，也讓自己有個心理準備。

說完，停下來。專注地看著你的父親或母親，以及想像他的父母，也就是你的祖父與祖母，肩並肩站在他的背後。

接著，請彎下腰，讓雙手向下垂放。（若操作的對象不是父母，則不需彎腰和雙手向下垂放的動作，身體挺直即可）發揮想像力，想像那些長久以來過度承擔的部分，從你的頸部，或你的肩上，或你的背上，化做一道又一道有顏色的光，繞過你的頭，畫出一道道弧形，飛回到你的父母身上，以及他身後的祖父與祖母身上。

請持續讓這些光飛回，並且發出「咻」「咻」「咻」的聲音。直到你感覺到完全將不屬於你承擔的責任交還爲止。

這個步驟可以反覆地操作，逐漸地，當這些光全都「飛完」了之後，你會感覺到全身輕鬆舒暢，特別是肩、頸、背的部分。

表達感恩與保證

現在，請起身並抬頭看著你前方的父親或母親，觀察一下他們的表情如何？如果感覺到他的痛苦與不安，而讓你有些不捨或愧疚的話，你可以想像他逐漸縮小，縮小成一個孩子的模樣，並且退後，退後到他後方，退到他父母的懷抱裡，想像他正受到他的父母充分照顧的樣子。

如此，你已經完成交還責任的步驟了。

接下來，請帶著此刻新的狀態，對著前方的父親或母親說：

「現在，我已經將不該由我承擔的責任，全都交還給您和您的父母了，爲此我感覺到輕鬆自在。我向您保證，我會帶著您給我的生命力量，以我自己的方式，活出屬於我自己的人生。我會活得成功快樂，用這樣的方式，來回報您帶給我生命的恩惠。爸爸／媽媽，謝謝您！我愛您！」

說完，感受一下自己的身心狀態，通常會感覺到既輕鬆自在又平靜穩定，記住這份感覺，帶著這份感覺，去照顧好你的人生，活出專屬於你的成功快樂。

現在，你已經完成「交還責任法」的所有步驟，透過想像及語言表達，我們以一個象徵的形式讓自己長久以來過度承擔背負的責任卸下，回歸到該負責的人身上。

你的心中大概會有個疑惑，這只是一個想像中的練習，對方就會因此願意承擔責任，並照顧自己的人生嗎？

這不重要！永遠別想改變任何人，你只能要求自己改變。

關鍵在於你若能夠在心理上交還責任給對方，心理狀態的改變便能帶動既有想法及行爲的鬆動。當你在父母家人面前展現不同的行爲與態度時，對方也會受影響而開始有所不同。**永遠記得，系統中一個部分的些微調整，都會帶動其他部分的改變。與其要求或等待對方覺悟並將責任收回，不如先從自己做起，做到交還責任。**

練習、練習，再練習

在做這項練習時，你可照著書裡的文字逐一唸出，也可以修改文字內容，依照實際狀況表達出來。最重要的是，帶著平靜、穩定、眞誠與尊敬的態度做練習，意思到了就好。接下來，就是練習、練習、再練習了！

做一次練習不夠，那麼就做兩次。幾天後又深刻感覺到自己被家人的情緒綑綁住而失去力量，再次做練習。日積月累，你會感受到自己的內心更加堅定，對於走在夢想的路上更加胸有成竹。

現在，讓我們再回顧與整理一下「交還責任法」的步驟：

（一）找個安靜無人打擾的空間，想像想交還責任的對象就在你的面前。

（二）檢視雙方的視線，調整視線高低到一個相對舒服的位置（若是父母，需讓他們的視線略高於自己）。

（三）向對方表達接受與尊重，並接受他在生命系統中有屬於他的位置。

（四）向對方表達即將交還責任的意圖。

（五）想像對方的背後站著他的父母，彎下腰，垂下雙手（若對方不是父母，則挺直身體即可），想像那些過度承擔的責任或情緒，一一化做一道道的光，由自己的頸部、肩膀及背上出發，「咻」「咻」「咻」地飛回對方身上，以及他身後的父母身上。

（六）想像對方逐漸變小，並退後到父母的懷抱裡，接受父母的照顧。

（七）向對方表達感恩與保證，保證自己會將自己的人生活好。

曾有幾位在工作坊中練習過這個技巧的學員，回到家直接將這些話語表達給他們的父母聽，他們十分渴望父母能夠親耳聽到這些心聲，並充分理解。

有一位學員告訴我，當下他的母親泣不成聲，接著告訴他：「孩子，我不再干涉你，請把你的人生過好，媽媽也會照顧好自己，不用擔心我。」

因此，找對了時機，何妨一試呢？

15 帶著家人的愛往前走，一點都不能少

允平在工作坊中練習了「交還責任法」後，眉頭深鎖，不斷喘氣，看起來精疲力盡的樣子，我隨即過去關心。

我要他告訴我，剛剛練習的過程中體驗到了什麼？有什麼感覺或想法？

允平說：「我好像把從小到大的委屈、壓力與苦悶，一股腦兒地拋還給父母，從身上釋放掉了。他們再也控制不了我，我也不會再讓他們有機會控制我了！」

允平邊說，邊喘著氣。最後，整個人看起來有些癱軟無力。

「可是，我卻覺得充滿無力感。我知道我會爲自己負起責任，也知道我不要繼續過度承擔那些不屬於我該負的責任。但是，不知道爲什麼，面對我的夢想，我的內心仍有許多恐懼、不安。然後，心裡面好像被掏空了一樣。」

別把愛與支持一併交還了

我知道，允平在交還責任的同時，除了把不需要承擔的責任交還給父母之外，還把父母給我們的生命力量——那些愛與支持，全都交還回去了。

很多人因爲沒有認眞釐清父母帶給我們的，哪些是來自他們過往經驗而來的匱乏與恐懼，哪些是來自親子之間關係連結而來的愛與支持。於是，當我們在交還責任的同時，也把父母帶給我們的愛與支持，一併交還了回去。肩頭雖然頓時感到輕鬆自在，但內在卻失去可以倚靠的力量了。

前面幾節在案例中提到「資格感缺失」的現象，很多就是因爲與系統的連結斷裂，或者無法充分感受到來自上一代的愛與支持，這也包括了在內心裡否定或不承認父母的存在。當存在歸屬消失時，當然會有生命力量不足的「資格感缺失」的現象。

因此，**除了交還責任，我們還需要充分地去看清與承認，父母與我們之間存在著關係連結這項事實；同時，誠心地接受父母傳遞給我們的愛與力量**。當你能接受越多來自父母的愛，內在將越感豐盛，面對生活挑戰，將越能勇敢面對，也越能感受到自己的存在價值。

借父母力法

於是，我引導允平做幾次深呼吸，閉上眼睛，讓自己沉澱與平靜下來，專注在自己的內在。

「允平，你知道，儘管父母給了你許多不是你該承擔的責任，但不可否認地，也給了你許多的愛與支持。否則，你不會長大成熟的。是吧？」我說。

允平閉著眼睛，點點頭。我繼續說：

「那麼，我要你回想，當你感受到父母的愛、支持、保護與關懷的時刻。我要你在腦中浮現那個畫面，同時去充分感受那份感覺。從現在回想到過去，逐一往你更小的時候去回想。」

允平再度點點頭，並專注在自己的內在世界中。

「甚至，我要你去想像，當你很小的時候，你已經沒有印象了，可是，你的父母仍然悉心地照料你，關懷你，傳遞給你滿滿的愛。甚至，在你剛出生時，你為家人帶來了新生命的希望，父母對你流露著喜悅的笑容。你知道，在你來到這世界上的那一刻，你的身上早已充滿了愛與支持了。」

允平在我的引導下冥想，落下了眼淚。

接著，我繼續引導允平：「現在，想像你的父親就站在你的右後方，你彷彿可以看見他的臉，他的身影，可以嗎？」

允平點點頭。

「接著想像你的母親站在你的左後方，她與父親並肩站著，你能看得到這樣的畫面嗎？」允平再度點點頭。

「很好，我要你想像你的父親，將他的左手輕輕地往前搭在你的右肩上，而你的母親，用她的右手搭放在你的左肩上。你彷彿可以感覺到兩人的手掌，正與你的肩膀接觸著，你能感受到肩膀上的重量與溫度。」

我確認允平跟上了，繼續引導：

「每個人的生命，都來自他的父母。無論在實際生活中，你與上一代的關係品質如何，都無法否定生命是經由一代傳遞給一代的的事實。當然，你也不例外。而在生命傳遞的過程中，已經包含了活在這個世界上所需要的所有能力了。」

我邀請允平，若能理解我所說的，就點點頭讓我知道。接著，我要允平想像，父母站在自己的背後，透過他們的手，源源不絕地傳遞生命的力量給自己。

「現在，請你想像，你的父親透過他的左手，你的母親透過她的右手，向你傳遞著源源不絕的愛與能量，灌注到你的身上，而你要做的，就是充分地感覺它並接受它。」

「你可以感覺到，這些來自父母所傳遞的愛與支持，好像一股能量，帶著溫度，也帶著光，慢慢地滲透進你的肩膀，流入你的身體。你可以感覺到好像一股有顏色的暖流，漸漸地在你身體裡流動、蔓延、擴散。」

「而每當你深吸一口氣時，這股能量就擴張到你的全身。好，吸氣！」

允平深吸了一口氣，再慢慢地吐氣。

「很好，再深吸一口氣，讓這股能量在身體裡更加擴張。」

「對！再深吸一口氣，讓這股能量，繼續流動到身體的每一個角落，充斥著全身上下。隨著每一次的吸氣，允許這份能量在你的體內充分地流動、擴張、加溫、膨脹，越多越好。而你要做的，就是去充分地感覺它並接收它。」

引導到此，我問允平：「現在感覺如何？」

「嗯！好像，全身充滿了力量。」

「很好，那麼，請你再度閉上眼睛。在心裡面轉過頭去，對著你的父母說聲謝謝。向他們保證，帶著他們的愛與支持，一定會將自己的人生活好。」

結束後，我請允平帶著此刻這份感覺，再度想起他的夢想與即將面對的挑戰，感覺如何？允平說，感覺更加篤定與踏實，比較願意起身行動了。

上述過程，是由李中瑩老師以家族系統排列療法的理論爲基礎，融入神經語言程式學的元素，發展出來稱爲「借父母力法」的治療技術。專門用在當來訪者面對挑戰與生活目標，內在缺乏一份力量，或感到資格感缺失時使用，特別是那些與父母的關係連結薄弱、欠缺或斷裂時，治療師便可以引導來訪者重新去感受與接收來自父母的愛與支持，而獲得大步向前的力量。

練習、練習，再練習

有人會問，若從小沒了父親或母親，或者就是個孤兒，對父親或母親沒有印象，仍然可以操作「借父母力法」這個技術嗎？

當然可以。不管你出生時父母的狀況如何，你對父母的印象或記憶如何，你都擁有著給你生命的父親與母親，否則你不會誕生在這個世界上。這個技術只不過借用「生命力量是由上一代傳遞給下一代」這樣的事實而已。實際操作時，你只要能想像有個父親或母親的身影站在你的身後，並將手搭在你的肩上，這樣就可以了。

如果一直無法進入這樣的想像中，則可以在內心裡說：

「爸爸／媽媽，雖然我對您沒有任何印象，但是我感謝您爲我帶來了生命，讓我得以活在這個世界上，爲此我謝謝您！現在，我誠懇地請求您的協助，請繼續將您的愛與能量傳遞給我，也請允許我去感受到那份力量。」

通常做了這樣的內在對話後，便能進入狀況了。

另外，把這個技術用在感受父母以外的其他親人朋友的支持上，是否可行？也就是，將「借父母力」改成「借家人力」或「借朋友力」，可以嗎？。

當然可以的。通常，我們會讓父母站在我們的後方，分別用手搭在我們的肩膀上，這代表的是生命系統的序位。但父母以外的其他家人或朋友，則可以想像對方將手放在我們的身體任何一處就行了，像是胸前、手臂、手掌心、頭頂等，只要能充分感受到來自對方的愛與關懷即可，其他的操作步驟都是類似的。

最後，再讓我們整理與回顧一下「借父母力法」的操作步驟：

（一）找一個安靜不受打擾的地方，或坐或站，做幾個深呼吸，讓自己平靜下來。

（二）從現在開始回溯，想像過去父母對我們付出關愛的時刻，去找回那份被愛與支持的感覺，同時承認生命力量代代傳遞的事實。

（三）想像父親站在自己的右後方，母親在站在左後方，分別用他們的左手與右手搭放在自己的肩膀上。

（四）想像父親透過他的左手，母親透過他的右手，向自己傳遞出源源不絕的愛與支持。

（五）充分去感覺這份愛與支持，好似一股股有顏色、有溫度的能量，就像暖流一般滲進了肩膀，流進了體內，在體內逐漸地流動、擴散與膨脹。

（六）試著深吸一口氣，讓這股暖流在體內更加地擴散；再深吸一口氣，讓它變得更多，布滿全身、充滿體內。每深吸一口氣，就能感受到更多的能量，一直到足夠為止。

（七）轉頭面對父母，向父母表達愛與感謝，保證會運用他們的愛與支持，讓自己的人生更加成功快樂。

（八）帶著此刻的狀態，重新想起那些具挑戰性的目標或令人卻步的困難，是否感到更加有力量？

我希望當你閱讀到這裡時，已經跟著練習過一遍了。我通常會建議，在做完「交還責任法」的練習後，接著做「借父母力法」，將兩個技巧串連在一起操作，是幫助自己重新整合內在力量的絕佳途徑。

16 練習自我強化，豎立人際界線

你是否在生活中，曾經遇到過那些「內在強大」的人？

我所謂「內在強大」，指的並不是霸道、強勢或過度自我膨脹的人，而是總是感覺胸有成竹，能夠自我肯定，不過度在意他人的言語評價或負面回饋。

特別是，內在強大的人在人際關係中，總是能夠勇於表達自己的感覺與訴求，堅定地捍衛自己的權利，不允許別人侵犯自己的界線。當被別人冒犯或不當對待時，可以很自然地說出內心感受，要求對方停止冒犯行爲，而不會擔心破壞關係。

對他們而言，最不用擔心的就是得罪別人；當然，他們也不會因此忽略別人的感受，至少也能做到尊重別人的底線與原則。

於是，內在強大的人，當內心有想做的事情時，也不會輕易受到他人影響而動搖。他們正是不容易受到親朋好友情感束縛的一群，一旦有夢想，就執意去追尋。那股強大與堅定的氣勢，似乎任憑誰也擋不住。

如果你是個難以勇敢做自己的人，一定很羨慕這樣的人吧！因爲，即使你做了交還責任或借父母力的練習，處理了你與原生家庭父母關係連結與責任歸屬的問題後；有的時候，你仍然會感到軟弱，你仍然很容易受到他人的影響，也會很在意外界的評價，仍然不斷地在追尋別人的認同。

先不論是在什麼樣的成長環境中，接受了什麼樣的教養方式，以及有過什麼樣的人生經歷，才造就了一個內在強大的人類。重要的是，如果我們也想成爲一個內在強大的人，該怎麼做呢？

如何在人我關係中，能夠堅定而持續地保有自己的獨立性與完整性，心理勵志與自我成長類的書籍之所以歷久不衰，大多聚焦在探究這類眾人關心的問題，各種心法與技法也不斷推陳出新。有興趣者不妨透過大量閱讀，或者參加相關課程深度學習。

在此爲各位讀者介紹的，是我個人在心理助人實務現場，最能有效幫助學員自我提升的方法；當然，對我自己的人生，也極有幫助。

放過自己——接受自己就是不夠強大

所謂的接受，就是不帶評價也不試圖對抗地承認一件事物的存在。**我們需要學習接受自己身上的兩個部分，一是長期表現出來的行爲模式，或者稱爲性格；另一是自己時時刻刻的情緒狀態。**

首先，你知道在你的性格中有著內在不夠強大的部分，但你需要去接受它。**唯有接受自己不夠強大，才能看見不夠強大背後的強大。換句話說，就是放過自己吧！**

想一想，那些過度在意他人評價、難以拒絕別人、無法對他人堅定表達立場等行爲表現，爲你帶來了哪些好處，爲你的人生幫上了哪些忙？

或許，這讓你成了一位體貼細膩、懂得察言觀色的人，爲你帶來了好人緣與貴人相助，爲你取得了良好的名聲與信譽等。

所有的行爲都具有功能，能被長期持續保留下來的行爲模式，必定具有難以被取代的價值。一旦你能看懂性格中那些看似不夠強大的行爲模式，背後的功能與價值，你會發現，這就是你不平凡與不簡單的地方，這也是另一種內在強大的形式。

所以，先如實地接受這樣的自己吧！

真實碰觸情緒感受

另一個需要學習接受的，就是我們的情緒感受。

你可能不知道，我們總是習慣性地對抗、排拒或否認發生在自己身上的情緒感受，特別是那些令人不舒服的負面情緒。久而久之，我們越來越感受不到自己的情緒了，直到積壓已久，一次爆發，接著帶來更多的愧疚與自責。

這是我們從小到大一直被灌輸「不可以有負面情緒」或「生氣與難過是不對的」這樣的觀念所致。

忽視發生在自己身上的情緒感受的風險之一，就是難以藉由情緒感受做爲依據，判斷自己是否遭受到不當對待。當你的界線被侵犯，應有的權力被剝奪，而你卻感受不到憤怒、委屈或痛苦，甚至，認爲自己不可以擁有這些負面感受，於是，你便失去了確認自己是否被合理對待或尊重的能力，當然無法爲自己挺身而出。久而久之，你便習慣隱忍，一再地允許他人侵犯自己，繼續處在這惡性循環之中。

你早已習慣在內心裡告訴自己：「沒關係，這沒有什麼。」或「是有些不舒服，但也還好。」事實上，你多麼渴望獲得尊重，而不是概括承受別人的要求或責任，但你做不到。

在與家人相處時，當你被家人以愛爲名地綑綁住，始終不被允許獨立自主時，你本應該覺得挫折、難受、委屈與生氣，但你習慣過度承擔這些包裝在愛裡面的情緒責任，你也不允許自己可以出現負面感受。因爲，一旦你感到生氣，就好像辜負了家人對你的愛與期待，背叛了這份情感連結。

直到情緒被長期積壓而你再也受不了時，一股自責與愧疚隨之而起：「我怎麼可以對愛我的家人生氣呢？」這又造成更多的情緒積壓。

但是，你當然可以感覺到生氣，同時繼續愛著你的家人。情緒感受是眞實存在的，這無損於你與家人的情感連結，以及對家人的感恩與尊敬。

因此，你需要學習眞實地覺察與接觸自己的情緒感受，學習透過情緒感受去感知，現在我在人際關係中的處境如何。**情緒感受會逐漸讓你知道，你的原則與底線在**

哪裡——當別人如何對待你時，你會感覺到不受尊重。這時，你便開始有了「人我界線」的概念。

唯有如此，你才知道何時該起身捍衛自己的權利。**這裡的捍衛，不一定是要用激烈的手段與他人爆發衝突，而是能溫和而堅定地表達立場，運用智慧或幽默去迴避或因應那些一再想占人便宜的人們，或者要求他人用你可以接受的方式與你相處。**

該怎麼做呢？讓我們翻回本書的第一章第五節，複習一下情緒覺察的五個自我探問，增加對自我情緒的覺察與理解：

（一）我有哪些情緒感受？
（二）在我的身體上有哪些不舒服的感覺？
（三）最強的情緒感受是哪一個？
（四）最強烈的情緒感受是如何產生的？
（五）我會如何因應與處理這些情緒感受？

運用「同在模式」應對腦中一再自我批判的聲音

人要變得「內在強大」，也需要帶著自我肯定的強大信念——通常是開放的、有彈性的、合理的，並能讓自己感覺到更多力量的。

相對於這些豐盛富足的信念，是一系列「局限性信念」，在難以自我肯定的人身上，時常看得到。他們的大腦裡無時無刻出現自我否定的聲音，批評自己做得不夠好，認爲自己對許多事情是無能爲力的，常會讓人陷入挫敗與沮喪之中。

「簡快身心積極療法」中提到人們三個核心的局限性信念，會用「我沒有能力……」「我沒有可能……」或「我沒有資格……」的語句做爲開頭。例如，「我沒有能力把外語念好」「我沒有可能達到理想的銷售業績」「我沒有資格對別人生氣」等。

這些局限性信念可能來自於成長過程中的創傷，也可能來自於某一、二次的重大挫敗，也可能來自於各種負面經驗的交相累積。當然，成長過程中重要他人的負面評價，也可能使我們不自覺地內化而成了自我設限的信念。

問題是，即使各種主客觀證據都顯示：「我沒有那麼糟！」你並非自己內心所想的那個樣貌——這些你都很清楚，但腦海中卻一直浮現各種讓人挫敗不已的念頭，揮之不去。

人們常會告訴你，要「正向思考」。問題是，**用一個對立的想法去取代另一個長期以來不自覺深信不疑的想法，談何容易！**就像是你要一個數學總是考不及格，早已對自己的數學能力感到萬念俱灰的中學生，相信自己擁有高度的數學潛能，這根本是不可能做到的事情呀！

鬆動局限性信念，可以有更溫柔的做法：**不是試圖取代，而是允許存在**。也就是，**允許自己看到更多的可能性——你可以認同這樣的自己，同時，也可以認同那樣的自己，而這兩個自己的樣貌，有可能是相對立的。**

為此，我設計一套鬆動局限性信念的「同在模式」思考練習。就是透過以下三個語句，把對立但同時存在的想法及念頭分別帶入：

我沒有能力……（局限性信念）；同時，我也有能力……（彈性信念）。

我沒有可能……（局限性信念）；同時，我也有可能……（彈性信念）。
我沒有資格……（局限性信念）；同時，我也有資格……（彈性信念）。

你常在他人面前隱忍著怒氣嗎？常弄得自己痛苦萬分嗎？也許，在你內心深處一直有著「我沒有資格在他人面前生氣」的局限性信念。你知道這不合理，但請你想一想，這個信念存在的功能是什麼？爲什麼時常浮現心頭？是否要提醒你些什麼？或者正在保護你免受傷害？

理解這段信念背後的功能與價值後，便可以對自己進行同在模式的練習：

「我沒有資格在他人面前生氣：同時，我也有資格在他人面前合理表達不滿的情緒。」

對一個很想爭取獨立自主的空間，卻受困於家人情緒綑綁之中的人而言，常會出現「我怎麼做都沒有可能被家人認同」的局限性信念，因而不願意再爲自己做出努力，對生活呈現消極或自我放棄的態度，而當又被家人嫌棄或否定時——更加證實了「我怎麼做都沒有可能被家人認同」這個信念的眞實性。

運用同在模式的練習，可以對著自己這麼說：

「我怎麼做都沒有可能被家人認同；同時，我的某些表現也有可能獲得家人肯定。」

在「同時」後面接著的信念，是一個較具有彈性的信念，而非一個極端正面的信念。當這麼呈現時，內心的接受度較高，允許同時存在的可能性也較高。

這個練習的重點不在「取代」，而在「允許存在」，目的是要鬆動原有的信念，讓我們內在相信的想法更有彈性，因看到更多的可能性而衍生出力量。

身軀調整的力量

另一個會幫助我們達到內在力量強大的心理狀態的途徑，便是改變身體姿勢。

研究身體姿勢如何影響一個人心理狀態的學者，最有名的莫過於哈佛大學心理學教授艾美・柯蒂了。在她所著的暢銷書《姿勢決定你是誰：哈佛心理學家教你用身體語言把自卑變自信》中，提到一系列關於肢體動作與內在思維及情感的關係，最特別的就是一個人是否感受到自己是有權勢的——信心滿滿、沉著穩定、相信自己具有影響力，也就是內在強大的狀態，可以透過擺出「權力姿勢」來觸發。

類似的應用，在神經語言程式學中也發展出許多身軀語法的技巧，幫助一個人重新建構關於自我的大腦神經回路。這在我二〇一六年前往美國NLP大學研修NLP高階訓練師（Master Trainer）認證課程時，已有深刻的體會。

因此，現在我總會時時刻刻提醒自己，**在與人互動時，盡可能保持開展的姿勢，設法讓自己有長高、長大的感覺。站立時，你可以挺起胸堂，雙手微張或插腰，雙腳微張與肩同寬，頭部姿勢擺正，眼睛視線稍微向上**（還記得在「交還責任法」中，一開始的步驟「調整視線高低」嗎？）你會瞬間感覺到自己比較有力量，而別人眼中的你，也是較有自信的。

坐著時，也避免讓自己縮成一團。我在許多課程中觀察到，學員上課時坐在座位上，常習慣讓自己的身體呈現捲曲狀——縮胸、駝背、雙腿交疊、上半身與下半身幾乎貼合在一起，一手托著下巴，另一手猛抄筆記，低著頭的動作又讓他們的姿勢更加捲曲。

或許這個姿勢讓他們覺得安全或舒服，但久了卻容易進入匱乏無力的狀態。所以一段時間，我就得提醒他們，或者設計一些活動，讓他們能夠伸展肢體、變換姿勢。

有一個快速改變心理狀態的簡單方法，是回想一個你曾經體驗過的「卓越時刻」——當下勢必是充滿力量、對自己深感滿意、洋溢著希望感。可能是完成某個艱難的任務、獲得了某個難得的表揚、告白或求婚被接受、路跑達到下一個里程碑、從競賽中獲得勝利、成功找到了夢寐以求的工作、進入理想的大學科系等。

讓自己重新進入這個卓越時刻中，仔細地回想整個過程，看到你所看到的畫面，聽到你當時聽到的聲音，感覺你身體的感覺，讓那份興奮、自信、希望與滿足的感覺完全回到你身上，越多越好。

同時，對你身體感覺保持覺知，隨著身體感覺自然地律動起來，讓那份律動帶著你的身體走，最後，很自然地停在一個肢體姿勢上，稱爲「卓越姿勢」。

一開始，你要多擺出幾次卓越姿勢，讓身體肌肉牢牢記住這個肢體姿勢以及連結在這個肢體動作下的情感狀態。下一次，當你處在沮喪無力中，需要喚起豐盛自信的感覺時，就做出這個肢體動作，幫助自己快速進入內在強大的狀態中。

以上介紹幾個調整心理狀態，強化內在自我的觀念與技巧，也是需要長時間反覆練習的。當你的內在改變了，在人際相處中，究竟該如何擺脫他人的情感束縛，究竟如何溫和而堅定地表達自己的立場，自然就不會是困難的事情了。

從與家人的情感連結中爭取獨立自主，是一個人成長過程中備極艱辛但卻必要的過程，或許，這就是獲得自由的代價吧！很多時候，你需要有著與家人長期抗戰的心理準備，於是，我們需要視與家人互動的實際狀況，採取多種應對策略，有些，或許你已經開始做了，而有些，也許你可以嘗試看看。我們就在下一章，談談這些行動策略。

第四章

行動：
掙脫家人情感綑綁的行動策略

17 堅定表達：尋求理解與支持

在大膽逐夢的過程中，免不了都要經歷向身旁的親人表達立場這個過程。就是因爲親人的想法可能與我們不同，就是因爲自己的願望不被理解或支持，所以才需要充分表達。同時，也因爲在意親人的心情，希望獲得的是允許而不是阻撓，所以更需要充分表達、溝通與討論。

問題在於，如果你有個願意支持與尊重你的父母，不需要花費太多力量就能如願；而面對不願意讓孩子擁有人生主導權的父母，說再多也是徒勞無功。

然而，這不代表父母或家人與我們的立場迥異，就要放棄溝通或表達了；反而，更要讓他們知道我們心之所向及內心的想法。

雖然我們不該期待另一個人需要爲我們而改變，但在理想狀態下，透過一再地表達，或許也能鬆動父母或家人原本固執的立場，長久下來，日積月累，更有可能成功影響家人，轉而成爲我們實踐夢想過程中的支持者。

但是，我們必須抱持一個態度——**充分表達的目的不在說服對方，而是表達一份尊重，如此而已；若能被理解，或得到尊重與支持，那不過是附加的好處罷了！**

先斬後奏好嗎？請盡量提早說明自己的夢想

常有懷著夢想卻不被家人支持的年輕的學子，這樣告訴我：

「我放棄了！跟父母講再多也沒有用，他們根本不會懂，也不願意聽，更別說會支持我了。」

「表達有什麼用？從小他們就不願意聽我說話，我的想法根本不會受到重視。」

「只要談到這個話題就吵架，乾脆不講了！」

我聽了很心疼，爲什麼大人對孩子的心聲，連聽都不願意呢？

只因爲是個孩子，就不應該有自己的想法嗎？只因爲與自己的立場不同，就認爲那是叛逆或頂撞嗎？

當父母關起溝通的大門，孩子便會轉頭離去，落得的下場是，孩子做了什麼，爸媽總是最後一個才知道。孩子出了大事、闖了大禍，才後悔當初沒能好好理解自己的孩子。可惜，時間不能重新來過。

不過，我仍然告訴這些孩子：「還是要盡力表達！」

爲什麼呢？因爲，**向家人或父母表達我們追求夢想的企圖或打算，事實上是傳達出一份尊重：「不論你願不願意支持我，我都尊重你是我的家人，是生養我的父母，所以我願意充分讓你知道我的想法與立場。」**

即使你認爲永遠不可能被支持或被理解，你也不該一聲不響地就去做你想做的事情，你還是得不斷地向父母或家人表達自己的期待。

這樣聽起來，好像是一種「告知」或「報備」的概念。於是有的人，便會在準備好大刀闊斧實現夢想，正式展開行動的前一刻，才開口告訴自己的父母或家人，接著頭也不回地追逐夢想去了，留下滿腦子問號與詫異心情的親人。

如果你眞正在意自己的家人，就該提早告訴他們你的計畫與打算。即使你不期待他們會允許你或支持你，知道自己無論如何都會去實現夢想，也要讓他們提早有個心

理準備。雖然每次都可能上演火爆衝突的場面，但至少透過一次又一次地表達，讓他們有機會在你行動前，慢慢做好心理調適。

或許有時候需要先斬後奏，但可以的話，也請有計畫地讓你的家人知道你接下來的想法與行動。而當你跨出實現夢想的那一步時，也請偶而或持續地讓你的家人或父母知道你目前的行動進度。當然，你肯定會報喜不報憂，因爲不希望讓家人擔心，但至少讓家人心裡有個底，明白你的決心。

幸運的話，不一定每一次的溝通都會出現如你預期般，困難重重的場面。或許，透過一次又一次清晰又堅定地說明，並配合有效表達的技巧，能逐漸獲得親人的理解，並受到支持與祝福，豈不皆大歡喜。

接下來，我們就一起來探討，有效表達需要展現哪些技巧與態度，以及注意哪些溝通表達中的細節，以增加表達成功的可能性，或至少減低負面衝擊，讓彼此在互相衝撞的過程中，傷害降到最低。

溫和而堅定——先讓自己的內在強大起來吧！

在向父母或家人傳達自己追求夢想的意圖與決心時，**最忌諱出現帶有高度情緒張力或威脅性的話語或字眼，更不可以透過語言暴力的方式貶損對方**；否則，我們便成了對親人進行情緒勒索的人了！

也許，你就曾經對你的家人說過類似的話語：

「都是你們一直反對我的夢想，讓我每天都很痛苦！」

「我這麼努力做什麼？難道你們都沒看到？你們只想到自己，真的太自私了！」

「好啊！你們反對沒關係，反正我要做的事，誰也攔不住，走著瞧！」

「你們再這樣不尊重我，有一天一定會後悔！」

「爲什麼一定要聽你們的才行，一定要逼我走上絕路才行嗎？」

當然，**我們也不需要過於自貶身價，以過度討好或卑微的姿態面對親人的反對。**

因爲，當你成年之後，想要做什麼，是不需要經過任何人允許的。像是：

「我拜託你們，求求你們，讓我去試試看吧！」
「就這一次就好，就相信我一次吧！」
「我保證，一定不會讓你們失望，不然，以後都聽你們的。」
「我從小沒求過你們什麼，就這一次，拜託，就讓我試這麼一次就好！」
「你們不是說最疼我嗎？疼我就答應我去追求夢想吧！」

反而，我們需要表露的是一種**「溫和而堅定」的態度**。由於這是一種情感狀態的展現，所以最難做得到。但是，卻也**是在面對父母或家人強力反對時，能保護自己同時不傷害對方，最適宜的姿態**。「溫和而堅定」是一種什麼樣的態度或行爲表現呢？

- 保持身心狀態穩定，不會因爲對方的任何回應而輕易動怒或情緒失控。
- 語調和緩、低沉，話語清晰，說出的每個字句中都帶有力量。
- 保持高度覺察，能關照自己同時關照對方的狀態。
- 傳遞出「願意理解對方」同時也「堅持捍衛自己立場」的訊息。

・如實地接觸與表達當下自己的情緒感受。
・不亢不卑，不閃躲也不威嚇，理性中帶有對人的關懷。

換句話說，「**溫和而堅定**」正是「**內在強大**」的外在顯現呀！所以，要能表現出**溫和而堅定的態度，需要練習讓自己的內心壯大起來**（請參閱第三章第十六節的練習）。於是，你在表達時，便能顯現胸有成竹的氣勢，同時不會讓人感到十分壓迫，而你也能保持自在與自然，不過分在意他人的攻擊與評價。

找對時機——在對的時候展開溝通

從小到大，想必你已經有無數次與家人或父母溝通的經驗吧！**你一定能找得出，在什麼樣的時機或情境下，對方的情緒狀態是適合溝通的**。特別是，在進行這種具挑戰性的溝通表達時，會比較輕鬆順暢，較能保持理性，而不會出現緊張衝突的火爆場面，或落入冷淡僵硬、拒絕溝通的局面。

至少，你也得懂得避開某些情境，例如，對方忙碌不堪、身心俱疲、壓力極大或身體不舒服的時候，他們光面對自己的困境都夠煩了，當然不會有閒情逸致聽你慢慢述說你的雄心抱負。

表達完整明確的訊息——你真的想清楚了嗎？

曾經有位大學生來找我談話，他因為對目前所學感到志趣不合，想要轉換跑道。他抱怨父母不願意支持他，只是一直唱衰他，他說：「我一度懷疑，我是不是我爸媽生的。」聽得出來對父母有許多怨懟。

我們進一步聊到，他是怎麼與父母溝通表達的。原來，他回到家裡，告訴父母，他不喜歡現在研讀的科系，想要轉系或重考。父母問他要轉到哪裡去？他說可能是A科系或者B科系，還不是很確定。父母再問他，打算怎麼轉跑道，他說，他還在思考。接著，父母就一口回絕他想要轉換跑道的意圖，還說他不夠成熟、不夠懂事。

這位大學生氣憤不已，抱怨地說：「為什麼他們這麼固執？」

或許這孩子的父母不夠有耐心，沒能好好去理解孩子的想法與感受。然而，這孩子自己也得爲溝通破局負點責任。因爲，他根本沒有提出完整且明確的計畫。也就是，**他只想著要離開現在這個令他痛苦的地方，至於接下來去哪裡，透過哪些途徑前往，都還沒有具體的規畫。父母或家人聽了當然不放心，被拒絕也只是剛好而已。**

有時候，父母或家人對我們夢想的反對，並非眞的如此不通情理，而是擔心我們在還沒有想清楚，或在沒有具體的計畫下就魯莽行動，會弄得一身傷而後悔莫及。因此，**在溝通表達時，有必要盡可能清楚且完整地交代所有關於夢想的訊息。**

這些訊息包括：你想做的事是什麼？實現後會是什麼樣的狀態？你的短、中、長期目標是什麼？你打算怎麼開始第一步？接著你的執行計畫是什麼？你有什麼資源或籌碼？你的預定進度與時程如何？這麼做對你的人生有何好處或價值等。

表達時，越具體、越清晰越好。對你而言理所當然的事情，別人不一定能懂，請用對方能夠理解的話語表達。有時候，當對方清楚知道我們的意圖與計畫時，反而會因爲放心而從反對轉而支持。

當然，你也可能遇到，再怎麼費盡唇舌交代，也絲毫無法接受，甚至連聽都不想聽的家人。其實，只要你盡力表達即可。一方面，你傳達出一份尊重，告知他們你的打算；另一方面，也透過完整明確的表述，傳達出你面對夢想非做不可或勢在必行的決心。

清楚且完整表達的前提，在於你已經對於如何達成夢想，思考並研究得夠清楚了。或許無法掌握到百分之百，也該有至少有百分之六十的把握，而不是一問三不知。如果連這一點都難以做到，也許，你還得更用功才行，也或許，你還不夠想要實現你的夢想。

先談情再說理——別忘了照顧到對方的感受

成功的表達，需要兼顧自己與他人，既能關注到他人的想法與感受，同時也充分傳達自己的立場。甚至在這個過程中，增進彼此的理解，拉近彼此的距離，或許對於爭議的焦點仍僵持不下，但彼此可以在互相理解下盡量尋求共識。

要能達到這樣的理想效果，需要掌握下列常用的溝通技巧：

・先同理對方情緒，再說明自己的觀點
・先肯定對方的付出，再表達自己的立場
・先感謝對方的關愛，再傳達自己的想法

換句話說，在說出自己的夢想與計畫，請求對方理解與支持前，請先盡量做到「同理情緒」「肯定付出」與「感謝關愛」這三個步驟。

舉例而言，當第一次向父母開口說明自己有可能被拒絕的夢想時，可以這麼說：

「我知道，當你們聽到我說的，可能會很驚訝，也很生氣，同時，因爲在乎你們，所以我想要讓你們知道我接下來的人生規畫。就是，大學畢業後，我打算出國去打工度假一年，我的計畫是這樣子的……」

上述這段話中，就先把家人可能會有的情緒狀態講出來，讓對方覺得自己已經被充分理解與在乎，甚至能爲接下來要聽到的訊息做好心理準備。

而在溝通過程中，當家人不斷地提出質疑並表達反對時，我們可以這麼說：

「我完全能夠理解，你們會拒絕我，是因爲愛我。你們擔心我會失敗，擔心我沒有想清楚，天下父母心，我眞的能夠理解。可是，我已經長大了，我會自己照顧自己的。我的計畫是……」

「爸、媽！謝謝你們願意聽我說。即使你們不答應我這麼做，但我也很感謝你們給我機會表達，這代表你們是關心我的，試著理解我的，爲此我謝謝你們。」

「我知道你們有些錯愕，如果我是你們，我也會一時沒辦法接受的。不過，請給我一個機會好好說明我的想法。對於這個計畫，事實上我已經有一些準備了，我打算先從……」

「我知道，我再怎麼說，你們都不會同意或支持我。但我能理解，你們是愛我的，不希望我受傷的。不過，我也想讓你們知道，我已經持續在朝夢想前進了……」

從上列的這些表達範例中，我們都可以清楚地看到，在表達自己的想法前，先考慮到對方的心情，不論是同理對方可能會有的情緒感受，或者說出對方在反對背後的意圖——擔心與關愛，或者表達對對方願意傾聽與理解的感謝，都比只顧著說自己想說的來得好。

通常，當一個人的內在被充分理解與關照到時，**就會比較願意去聆聽與接受對方的想法，甚至是對立的觀點**。而這樣的溝通方式，也能夠持續讓對方的身心保持在願意溝通交流的狀態中，即使溝通的結局仍然不是我們想要的，至少能避免不歡而散的場面。

反覆溝通與表達

雖然我們已做好最壞的打算——父母或家人終究不會完全支持我們，但我們仍需要不斷地溝通，反覆地表達。

因爲，**只要保持溝通管道的暢通，雙方就有機會持續地交換彼此的想法，而父母或親人也會有機會繼續理解你的想法，甚至願意去思考你這麼做背後的意圖**。

溝通表達不一定都是經由面對面，透過語言的方式進行。你可以三不五時，找些與你的夢想有關的佐證資料——介紹夢想領域的書籍或文章、未來趨勢的分析資料、其他人的成功典範等，透過實體或網路的方式，提供給你的父母或家人閱讀，幫助他們更清楚你正在做什麼，想什麼。也許客觀中立的第三者提出的論述，會比較有說服力。

更重要的是，當你不斷地陳述自己面對夢想的計畫時，會越來越清楚哪些地方想得還不夠完善，哪裡還需要改進及補強，這能幫助你的夢想變得更具體、清晰與明確，而不再只是腦海中空泛模糊的抽象感覺而已。

不論如何，你都得很清楚知道，你再怎麼努力地表達，目的就只是要讓家人或父母知道你正在做什麼，計畫些什麼，以及對他們傳遞一份尊重的訊息，**而不是強迫他們一定得接受你的觀點，要他們爲你而改變**。

一旦你能堅持帶著這樣的立場去溝通表達，才不會患得患失，也才是負責任的態度。

不過，如果你遇到的是完全拒絕溝通的親人；或者，你的年紀還小，資源還不夠，還無法有足夠的力量獨立自主，還得依賴父母提供經濟上及各方面的援助與照料時，而你又有著不被支持的夢想亟待追求時，那又該怎麼辦呢？

你可能得拉長戰線，以時間換取空間。

18 妥協證明：用時間換取空間

過去，當我還在中學裡擔任輔導教師時，每當進入三月，意味著考季到了！從二月的大學學測、甄選入學到四月底的四技二專統測與申請入學等，高三同學們等著迎接一關又一關的挑戰，背水一戰就是此時！

這個時間點，也是同學們最常光臨輔導室的時刻。還記得，有位高三女同學來找我：

「老師，我的學測成績收到了，接下來要進行個人申請的校系選擇。告訴我，我該怎麼選？」

「妳自己是否有什麼想法？例如，喜歡什麼？想念什麼科系？未來對走那個方向有興趣？」我好奇地問。

「老師，不瞞您說，我是想念美術相關的科系的，但我媽說念那個會餓死，叫我千萬別塡，還說『敢塡給我試試看！』」

眞有這麼慘？但是，究竟她母親希望她念什麼呢？

「我媽說，我念的是社會組，走財經或企管將來比較好找工作！」

喔！這個母親還眞有遠見……

「可是，我不喜歡啊……」她接著說。

其實，帶著類似矛盾衝突前來找輔導老師「開釋」的孩子還眞不少。有的人就像上述例子一樣，明確地知道自己的興趣與能力，心中已有屬意的科系。但也有多的是腦中一片空白，完全不知道自己適合讀什麼、將來走什麼路。唯一可以確定的是，父母安排的那條路，是最不想走的路。

做自己想要的決定，就得勇敢證明自己

在我高中時，父母要我選讀自然組。他們的理由是，醫生的名聲好、收入高，會念書的男生將來當醫生最適合不過了。但我對數理或自然科一點興趣也沒有，堅決選

擇社會組。來到社會組，我對課業得心應手，向父母證明我是社會組的料。但焦慮的雙親又有意見了，要我考慮將來念法律、當律師。雖然我的生涯目標仍不明確，但可以確定的，就是我對法律沒興趣。

見我對法律興趣缺缺，他們又要我考慮商管科系。還是高中生的我，對商管領域完全不了解，我到學校圖書館去搬了一堆商業經營、企業管理、財務、經濟等厚厚一疊書，花了一個暑假認眞地做了一番功課。最後，我得出了一個結論，還是沒興趣。

就這樣，父母的意見一一被我推翻。越接近高三，每當談起大學的科系選擇，父母的臉也越來越沉，親子間似乎有一道隱形的牆，阻隔了彼此的內心交流。

我還記得，母親用嚴肅的神情、擔憂的口吻問我：「你到底對什麼感興趣？」我說：「我想當老師，我要學心理輔導，將來我要當個輔導老師。」

大學推薦甄試放榜後，當我告訴他們，我錄取了大學的輔導與諮商學系時，我永遠忘不了他們臉上失望的表情：「你眞的要去念嗎？依你的實力可以讀更好的科系。」那片刻間，我明白了，如果我堅持走我要的路，我將有四年甚至更長的時間，與父母之間的關係是艱困、衝突與對立的，直到我證明自己的選擇是對的，能讓他們放心爲止。

這樣的對立、緊張與衝突的關係，在我從事了將近十年教職，決定離開校園另外發展時，再度上演。

我想，我還算是幸運的，即使父母親的意見與我相左，但終究尊重我的選擇。雖然我能感受到他們在情感上無法認同我、支持我，但仍然不會強硬地逼迫我照著他們的主張而行。

如今，我仍然確認自己的選擇是正確的，父母也不再對我的生涯擔憂不已。然而，這樣的堅持卻要冒著家庭革命的風險。當自己的理想與父母的期待相左時，勢必彼此要有一番不斷妥協的過程。我耗費大量心思與雙親爭辯彼此的看法，即使爭取到自己做決定的空間，仍然要不斷透過各種表現證明自己的選擇。這長期抗戰的過程是痛苦的、孤獨的、焦慮不堪的。

我常問自己，如果還能重來，我會做出不同的決定嗎？

難道只能冒著關係斷裂的風險，才能追求自我實現？

如果我們將一個人的生涯規畫當作一種決策行爲來看時，就會談到成本與效益的問題。在經濟學理論上，任何決策都涉及了「機會成本」（Opportunity Cost）。**所謂機會成本，指的是一個人爲了追求某項利益而做出某個決定，犧牲了衆多其他選擇中可能帶來利益的最高者，亦即「在衆多放棄的選擇之中，價值最高者」。**

例如，你最喜歡吃的早餐依序是漢堡、蛋餅與燒餅，如果今天早上你選擇吃漢堡做爲早餐，蛋餅便是機會成本。經濟學假設人類行爲是理性的，會做出某項決策必定是經過審慎評估，而認爲機會成本的損失是可以忍受的。

在商業上，機會成本包括金錢成本與時間成本。**在人類行爲上，機會成本牽涉的更爲複雜，通常還包括人際關係成本。夾在自我理想與父母期待間掙扎的人，通常需要考量自我實現與親子關係孰輕孰重。**他們認爲生涯是自己的，強烈渴望由自己決定走出自己的路；但又害怕挑戰父母權威，與父母發生意見衝突，甚至失去與父母之間的情感連結。

追求自我實現的觀念是由西方個人主義風潮傳進華人世界的。傳統以來，華人世界的子女多數繼承父母的職業，世代相襲，父母在子女生涯決定上的權威自然不可撼動。華人重視家庭關係及長幼倫常的傳統價值，在現代子女追尋自我與生涯定向的過程中成為重要的考量因素，畢竟冒著家庭失和的風險與代價是相當大的。

在這個困局中，還有一個讓孩子們卡住的關鍵，就是面對承擔責任的壓力。追尋自我實現的過程意味著自我選擇、自我負責。這些從小由父母一路安排到大的學子們，被灌輸的觀念是「只要把書讀好，其他的不用管」，使得他們對承擔責任的能力相對不足。面對生涯抉擇時，常見父母撂下狠話：「你自己選的自己負責，將來養不活自己不要回來找我！」

這些徬徨的子女內心是恐懼的，是擔憂的。「如果真的如父母所說的，將來沒前途怎麼辦？會不會是我太天真了？」「到時候如果混不出名堂，我真的沒臉見我的父母！」許多困惑的同學都這樣告訴我。在內心深處，他們渴望的其實是父母毫無條件的支持。

難道面對這種兩難情境就只剩下二選一的零和遊戲了嗎？在這典型的雙趨衝突

中，是否還有其他觀點來看待此事，跳脫這個困局？

生涯不確定意味著生涯決策有了彈性空間

當我與碩士班的同學討論起這個現象時，有個同學疑惑地問我：「他們眞的那麼急著做出生涯的最終決定嗎？他們怎麼知道現在選擇的大學科系會是他們一輩子要走的路？」我好奇地看著他。

「你想一想，我們之中有多少人，是上了研究所才眞正找到自己想走的路，才義無反顧、毫不猶豫地往前走。」在我輔導與諮商碩士班的同學中，有一半以上大學是非相關科系畢業的（來自哲學、語文、商管、資訊甚至理工領域的都有）。

眞是一語驚醒夢中人！

原來，我和我的學生們都困在一種過時的迷思中了！

生涯探索是一輩子的事，似乎不用急著在大學就做出唯一或最終的選擇。有些人很幸運，大學階段就能確立自己的目標，走上了人生的正確道路，這輩子從一而終，不再有太多生涯變動。**但對於六、七年級以後的學子而言，在生涯中數度面臨生涯抉擇與轉變，似乎是常態。生涯探索的時間拉長了，也必須因應與接納生涯的各種不確定性。**

「不確定」將會是現代人生涯選擇過程中的常態，這是時代變動與局勢潮流的產物。**但這種不確定也爲青年學子們換取更多生涯決策的彈性空間，包括面對與因應他們父母的期待。**或許，他們可以不用陷入二選一或魚與熊掌不可兼得的困境了！

現在妥協，未必一輩子妥協

回到學校的諮商室中。我對著這位愁容滿面的年輕高三女孩說：「我有個想法供妳參考，不知道妳是否願意聽聽？」

「喔？」她抬起了頭，好奇地看著我。

「妳知道嗎？從妳現在到出社會開始工作，還有好久的時間。」

「不是只剩四年嗎？就大學四年。」

「看起來是四年，實際上可能六年、八年或更長。因爲，這個年代的人，多數還會繼續攻讀研究所。而在這過程中，妳還有不只一次重新做生涯決定的機會。」我停頓一會兒，見她點點頭，繼續說。

「卡在走自己的路和父母的期待之間，實在不好受。尤其是冒著鬧家庭革命或親子失和的風險，更是讓人感到痛苦。如果堅持做自己和與父母的情感聯繫都是妳重視的，或許妳可以透過時間去妥協兩者。」

女孩的眼睛亮了起來。

「父母對妳有所期待，甚至給妳壓力，是不放心妳現在的決定。如果不是這麼排斥父母的安排，或許在大學階段可以先順著父母的意。上大學後，依然可以透過雙主修、修習輔系、跨校選課、參加社團、補習或自修等方式，繼續鑽研與探索自己的喜好。甚至可以慢慢累積成果，適時展現給父母看，不斷讓父母知道妳在某個領域的努力與熱情。藉此逐漸爭取做決定的空間，也獲得父母親的認同與支持。」

「四年後，妳將是個更成熟、更具有自我決定與自我負責能力的人，妳將能有更多的空間與權力爲自己做生涯決定。父母的影響力也會相對變小，也會對妳更放心。」

或許，那時就是在學術上轉換跑道，眞正能選妳所愛的成熟時機了！」

我看著她臉上的表情漸漸柔和起來，我知道她心中的石頭放下了。

「老師，我知道了！謝謝您的意見，我會好好思考的。」女孩帶著滿意的笑容離去了。

暫時妥協，終究是為了拿回人生主導權

如果你是個還在求學階段的孩子，困在想要追尋夢想與父母的情感束縛中，動彈不得時，也許你可以大膽衝撞父母的權威，義無反顧地走自己想要的路，當然你也得承擔相對的後果與風險，例如，與父母就此關係斷裂（被逐出家門，斷絕親子關係等），或者，你得自食其力，靠自己養活自己。

但是，在你還沒能完全經濟獨立前，這樣的選擇或許代價太大了，我也不鼓勵。畢竟，在你未成年前，父母仍是你的法定代理人，在法律上擁有某種主導你選擇的正當權力。

所以，**在你盡力表達卻未果時，或許可以選擇另一個比較和緩的策略——暫時妥協，換取逐步證明自己的機會，終極目的則是要眞正掌握自己人生的主導權。**

要透過「妥協證明」的策略換得獨立自主的空間，得先同意一個觀念：**雖然大家都說，有夢想要趁早實現，但沒有一定非得立刻實現不可。在不得已的情況下，等待一段時間再慢慢去完成，也是相當自然的。**如果，你的夢想無法在一兩年內獲得父母或家人的支持，那麼，就把時間拉長，用五年或十年去證明你眞的有這個本事。

你可以先同意父母爲你做的安排，但**請永遠在心中記住自己的初心，一找到機會，就開始爲實現夢想做準備**。包括，蒐集相關資訊、建立有利於實現夢想的人脈、在生活中做小小的試驗、接觸相關領域的學習、讓自己備齊該有的能力與條件……等。甚至，**你可以慢慢花更多心思在你熱情的事情上，逐步做出些許成果，刻意或不經意地讓父母看到這些美麗的果實**。

或許，你會發現，家人及父母的態度漸漸在轉變，從反對你去做某事，到慢慢見證你的表現，並欣賞或支持你在這個領域的發展。當下一次做生涯決定的機會來臨時，就是你破釜沈舟、展翅高飛的時候了。

而當這個時候到來，若你還不願意大膽行動，就是你把自己給綑綁住，怨不得別人了！

19 保持距離：用空間換取情緒自由

家住臺中的宇清，今天的心情很不美麗。上班途中遇到大塞車，繁雜的工作已經壓得他喘不過氣來，科長還一直找他開會，交辦新任務，又得忙著解決新進同仁的問題。直到晚上九點才回到家，還和母親起了些口角。

才剛進門，母親劈頭就問：「怎麼又這麼晚回來？」

「工作做不完，只好加班繼續做呀！」

「人家都說公務人員最輕鬆了，怎麼看你整天都在加班？」母親不解地問。

「拜託！累死了！自從我進入市政府工作後，就沒有一天準時下班過了。要不是你們一直要我考公職，我會需要這樣嗎？」

「我們是為你好！你也知道，現在經濟不景氣，公務人員又是鐵飯碗，最有保障了。你能夠考上公職，是我們家祖先有積德呀！」

「哼！我看是你們覺得有面子吧！我明明想做的就不是公務員，工作壓力又這麼大，我每天都想辭職不幹了！再這樣下去，我都要憂鬱症了。」

「好啦！你不要這樣說啦！辭職？你辭職能做什麼？有什麼比你現在的工作還要更好嗎？」

請調異鄉、暗度陳倉

宇清在三年前，受不了父母的勸說，準備公職考試。不知道是運氣太好，還是實力太強，竟然金榜題名，被分發到家鄉的市政府底下一個單位工作。從此，展開了他的加班人生。

大學時，宇清研讀的是廣告文創，研究所則攻讀新聞傳播。服完兵役後，本想先在家裡待一陣子，就要上臺北去找份與新聞傳播有關的工作，當時他的學長正向一家媒體公司大力推薦宇清。只是，打從回到家的第一天起，父母就展開猛烈的遊說攻勢，要宇清準備公職考試。宇清受不了父母整天碎唸，同時對自己在新聞傳播方面的發展也還未具信心，就聽從父母的話，報名了補習班，開始準備公職考試。

無心插柳柳成蔭，不到一年的時間，宇清成了市政府裡的科員。父母欣喜若狂，但宇清絲毫沒有任何喜悅。從報到開始上班的那天起，就想著有一天終究要離開這份無趣的工作。

而這三年來，類似上述的對話，宇清和母親沒幾天就會上演一遍。

「妳都知道我想做什麼了，還一直問！」宇清好幾次向父母表明自己想要回到新聞傳播領域發展。

「你不要這麼幼稚好嗎？你現在有一份好好的工作不做，去電視臺做什麼，會比現在好嗎？」

「好不好我不知道！但我很確定，我會比現在更快樂！」

「你喔！反正我不可能會同意你離開公職的！」

母親氣呼呼地說。宇清心裡明白得很，如果自己眞的想離開，也不需要父母允許才行。但看到父母臉上常出現的不安與擔憂，又覺得這麼做，似乎對不起父母的用心。

過了半年，宇清請調到北部的公務機關任職。他對父母宣稱北部的升遷機會較多，父母也樂得給予祝福。實際上，宇清早有盤算，正緊鑼密鼓地密謀著轉職。

到了臺北，宇清便開始與昔日同窗及廣電傳播界的朋友取得聯繫。同時，利用工作之餘去參加各種進修課程，也到各媒體公司去拜訪與見習。眼見準備逐漸妥當，時機也成熟了，宇清在一次與父母的聯繫中，透過電話清楚地向父母報告他接下來的職涯規畫——辭掉公職，到一家新創的網路媒體公司上班。

儘管父母在電話那一頭怒吼著，但宇清不為所動，仍一步一步地朝著目標邁進。同時，宇清仍不定時地向父母報告準備轉職的最新進度。雖然每次的電話聯繫都不是很愉快，但宇清仍然堅定地做著這件事。

又過了半年，宇清遞出了辭呈。離職後不久，立刻進入當初設定好的網路媒體公司任職，從基層做起。雖然薪水待遇不若公職，工作壓力仍不小，但宇清覺得很開心，畢竟是自己有熱情的事情。

至於遠在他鄉的父母，即使再不滿意這個結果，也只能接受，最後也不得不放手了。即使仍三不五時勸說宇清再去報考公職，但對兒子現在的工作還是寄予祝福。

情緒自由讓人更專注於投入夢想中

宇清對於離開公職早有盤算，爲什麼要先調離家鄉，到臺北去才開始爲轉職做準備呢？

因爲，人在屋簷下，不得不低頭。

他心中很清楚，只要與父母同住一天，在家人的「監管」下，他是不可能開始爲轉職做任何準備的。光要應付父母拋出的各種情緒壓力，就無力招架了，當然更難將心力擺放在發展新的職涯可能性這件事情上。

宇清在轉職的過程中，面對父母的反對與情緒壓力，用的便是「保持距離」的策略。因爲住在家裡，用家裡的、吃家裡的，每天與家人朝夕相處，即使經濟早已獨立，也難有空間去掙脫父母的掌控。而只要向家人提起辭職或轉換跑道這類事情，就會看到父母那憂慮不安的神情，以及聽到那帶著焦慮情緒的叨絮不休。

只有與家人間拉出一定的距離，才有可能讓自己對準備新的職涯發展保持專注。因爲沒有直接見面，也才不會總是對家人心生愧疚，阻礙了自我實現的可能性。

讓距離成為家人間情緒衝突的緩衝器

如果你的父母或家人，總是要求你去做些你不想做的事情，總是強力反對你去實現你的夢想；每當你們談起關於夢想的計畫時，雙方就會大動肝火，不歡而散，那麼，**你可能需要試著與你的父母或家人保持一點距離，最常見的做法，就是搬出去住，而且是離家鄉有點遠的地方。**

請注意，這麼做的前提是，你已經成年了，而且有著經濟獨立的能力，不需要再向家裡要錢才能過生活。

如果，你還沒到達法定可以獨立做決定的年紀，請再忍忍吧！

如果，你還沒辦法靠自己養活自己，請先計畫發展出基本經濟獨立的能力。如此，你才有足夠的籌碼離家在外獨自生存。

離家，並不是負氣，也不是故意要讓家人擔心、難過或心生罪惡，或者逼著家人對你的夢想妥協，而是要讓距離成爲彼此衝突或情緒壓力的緩衝器。如此，你才不用耗費太多的心思在招架或照顧親人的情緒上。

面對家人的反對，如果你已經長時間且反覆堅定地表達自己的意向，也早就透過妥協來換取證明自己的空間了，家人仍然強硬反對，甚至對你釋放更多情緒綑綁的訊息，令你窒息難耐時，搬離家中也算是不得已中的一個選擇。

宇清不是特例，我也曾遇過幾個類似的案例，他們或許是我的朋友，或許是我的學生，爲了實現自己的夢想，都選擇暫時離家。他們說：

「家人見面每次都吵架，我如果不搬出去，有一天眞的要拿刀相見了！」

「與其在與父母爭執中度過每一天，不如透過距離讓我們保持美感。」

「離家可以讓我更專注，減少被他們的負能量給影響。」

對於許多想要獨立做自己的人，離家或許是條必經之路了。

保持距離，讓關係更親密

事實上，人與人的相處，本來就該保持著一定的物理空間距離。

在一般的社交場合，我們常會根據關係的親疏遠近，決定與他人的身體保持多少距離，才會感覺到自在。

隨著不同的年齡發展階段，我們期待與他人之間互動的距離，也會有所變動。一個剛出生的新生兒，是無時無刻都渴望與主要照顧者（通常是父母）黏在一起的。甚至，有些心理學派的觀點是，新生兒在心理上無法區分自己與照顧者，期待自己的需要能夠立即地被滿足。而照顧者對新生兒需求的及時回應與否，也會是日後孩子長大時，一輩子信任感與安全感的來源。

當我們脫離了嬰兒時期逐漸長大後，會開始與主要照顧者分離，試著去探索這個世界，同時也開始建立起與主要照顧者之外的人際關係。即使仍強烈需要照顧者提供情感上的回應，以及生存所需的支持，但會逐漸渴望擁有自己的空間。

這在青春期的孩子身上更爲明顯。進入青春期的孩子，伴隨著生理上劇烈變化而來的，是心理及行爲上逐漸構築起專屬於自己的堡壘，並派兵駐守，嚴加戒備，不容許被任意侵犯——也許是自己的房間、自己擁有的物品，或者是自己的身體。父母若能明白這一點，就會知道，必須允許孩子擁有自己的獨立性與自主權，否則肯定會時常與孩子發生衝突。

逐漸地，一個人會透過人際互動的摸索，發現自己習慣與他人保持多遠或多近的距離，才會感到舒適自在；也會在人際關係中觀察到他人期待獲得個人的空間範圍有多少，這樣的判斷能力稱爲人際敏銳度。

即使是在親密關係中，也需要與另一半保持著一定的距離。有時候，保有一段自己不被打擾的獨立時空，反而能增加彼此的親密度。這也意味著，**當親密關係中的雙方，都能被允許獨立做自己時，便是對自己與對方有足夠的信任與尊重，往往能夠提升親密關係的相處品質**。

相對的，許多親密情感中的爭執與衝突來源，就是無法理解、尊重及允許對方擁有自己的獨立空間，或者，彼此在空間距離上擁有各自的需要與期待，因而無法相互配合。

離家，別忘了帶著家人的愛一起走

傳統上，離家本來就是一個長大與成熟的象徵。**透過這個過程，在物理位置上從**

自幼成長的環境出走，在心理上爲自己創造出一個不被打擾的神聖空間，而能完整擁有自己的主導權與獨立性；相對地，也必須爲自己負起完全的責任。

當然，你也許不需要眞的搬離原生家庭，才足以代表你長大成熟了。而是，你的心智與行爲能夠不再依賴別人，能夠照顧自己與照顧他人，同時爲自己負起完全的責任，即是成熟的證明。

然而，有時候，我們確實需要透過離開家，才能眞正地向照顧者宣示，我們已經準備好獨立自主了。請永遠記得，離家只是爲了減少衝突、減少被情緒綑綁，讓自己更爲專注在重要的事情上。**物理距離不該成爲心理隔閡的來源，即使沒有相處在一起，請將家人或父母仍然放在你心中重要的位置，也就是，持續保持著情感連結。**

還記得第三章第十五節學到的「借父母力法」嗎？

這時候，就是借父母力法派上用場的時候了。除了眞誠地去接受父母帶給我們的生命力量外，更進一步去感受父母傳遞給我們的愛與支持，在我們身上被擴散與強化的感覺。

此刻的你會清楚知道，當你朝著系統的方向往前走時，看起來是遠離了身後的父母，但彼此的情感連結，仍然緊緊相繫。

20 得寸進尺：促發能改變立場的實際行動

前面提到，面對自己的夢想不被家人支持時，我們可以用上的應對策略不外乎三種：

（一）**堅定表達**：以溫柔而堅定的態度，向家人清楚說明自己的志向、理念與做法，表達是出自一份對家人的尊重，讓家人有心理準備，並獲得理解，而非設法說服。

（二）**妥協證明**：在無法經濟獨立，生存尚需受限於父母或家人的決定時，暫時遵照父母家人的安排，同時也花一份心力在爲自己的夢想做準備，拉長夢想實現的時程，逐步累積成果，向父母家人證明自己的能力，以拿回人生主導權。

（三）**保持距離**：搬離家中，與家人保持一定的物理空間距離，避免每天都要按時上演的衝突戲碼，以換取情緒上的自在與安寧，而能集中心思在自己眞正在乎的目標上。

這三種應對策略，孰優孰劣，視狀況而定。你得根據你所處的情境與家人的個性與信念等，彈性採用這三者中的一個或多個策略。當你發現某一種策略行不通，甚至會帶來更多麻煩時，就換另一種試試看。當然，三者同時並進，也是可以的。

實際行動帶來態度的改變

改變人們對於某事的態度，通常不容易，特別是面對我們的家人。當一個人對某事心有定見時，眞會是八風吹不動。但也不是完全不無可能，如果我們能掌握一些促成行爲改變的訣竅。

心理學家研究如何促發人類外顯行爲與內在思維的改變，已有許多成果，其中，**影響一個人的行爲或態度改變的關鍵，常常是這個人「怎麼做」，而不是他「怎麼**

想」。

也就是，我們的外顯行爲表現，會影響我們內在對某事所抱持的態度。**這是來自於我們總是希望擁有一致的自我形象，當內在衝突時，就會傾向於自我調整以獲得一致的自我觀感。**

美國史丹佛大學的社會心理學家強納森．費里德曼（Jonathan Freedman）和史考特．弗雷澤（Scott Fraser）曾做過一個相當知名的研究。研究人員到一個小鎮上假扮爲交通安全宣導的義工，找到一群住家，挨家詢問是否可以在他們的庭院裡豎立一個寫有「小心駕駛」的巨型看板，以提醒用路人注意安全。因爲這個看板可不是普通的大，放在庭院裡確實有礙觀瞻，於是只有十七%的住戶同意。

研究人員接著進行第二階段研究，找了小鎮中的另一群住戶，登門拜訪，詢問是否可以在其窗邊張貼一個寫有「當個安全駕駛」的小型告示，由於尺寸不大，幾乎所有的住戶都同意了。兩個禮拜後，研究人員再度前往敲門，請求可否在院子裡豎立「小心駕駛」的巨型告示，這一次，竟然有七十六%的住戶同意，明顯比第一階段研究時，住戶同意的比率大出許多。

這個經典實驗所得到的結論被稱爲「登門檻效應」（Foot In The Door Effect），用在行銷上又稱爲「得寸進尺法」。意思是，**當你答應對方一個請求，會提高你下一次再度答應對方請求的可能性**。換句話說，如果你希望獲得某人的幫助，就先請對方幫你個小忙吧！

乍看之下似乎有違常理，因爲，每一次的決定都是獨立事件，不該互相干擾才對。然而，我們的內在總是渴望對自己保有一致的形象，那些第一次答應研究人員張貼小型告示的用戶，已經在心中有了熱心助人或熱心公益之類的自我觀感，於是，當第二次被問到，是否願意在院子裡豎立巨型告示時，爲了能讓外在行爲與自我形象繼續保持一致，於是傾向於答應研究人員的要求。

因此，如何讓他人對我們的看法表示支持？或許，我們根本不需要費盡唇舌推銷我們的觀點，更不需要想破頭動之以情、說之以理，**只要能讓他人爲我們的觀點做出一些微不足道的小貢獻，小到對方根本沒有察覺他們正在支持我們的觀點，接下來，他們繼續對我們表現出支持的可能性，就會逐漸增加了**。

重點是，我們如何創造這樣的機會，讓對方實際做出支持我們立場的舉動呢？

創造機會讓家人參與你的夢想與計畫

你可以設法讓反對你的夢想的家人，有機會實際接觸或參與你正想從事的工作，當然，務必從容易做得到的開始。

例如，你想要走向藝術創作這條路，你可以邀請你的家人與你一起去參加藝術創作的展覽與成果發表會；一起去與這個領域的典範人物見面、用餐與閒聊；或者以遊玩的心情到藝術創作的學習場域或工作環境走走。

如果要他們做到這些還是太難的話，就降低難度，選擇更容易參與的開始。像是在與家人一起看電視時，刻意（或假裝不經意）轉到與藝術創作有關的節目；在家人常出沒的生活空間中，放置與藝術創作有關的書籍、雜誌或成品。

或者，當你在做與藝術創作有關的作品時，請家人幫個小忙：「家裡有不要的報紙嗎？可以幫我找幾張來嗎？謝謝！」「可以幫我捧一下這個東西嗎？我等一下馬上用到，謝謝！」

這麼做，一方面幫助他們增加對藝術創作的了解，另一方面，他們可能因爲接觸而改變對此事所抱持的觀點。只要他們是主動參與這些活動，像是，實際幫助你解決困難、拿起雜誌翻閱一下、拿起作品端詳一番，或者接受邀約參加活動等。

當他們這麼做時，內心裡便會產生認知與行爲上的衝突（「不允許我的孩子從事藝術創作」與「我實際幫助了我的孩子從事藝術創作活動」兩者的衝突），**於是會設法爲特定行爲找到合理的動機**（「其實藝術創作領域好像也蠻有意思的」），**以解釋這個行爲發生的原因，來減低內心的衝突感，於是傾向於改變態度來支持已經發生的行爲。**

一旦認知改變了，行爲的改變便會繼續維持。

因此，**要促成反對你的家人態度改變最好的做法，不是對你的夢想避而不談，而是，創造機會讓他們實際接觸。**

然而，你可以想像得到，當你邀請你的家人主動投入一些你充滿熱情的活動時，會被嚴正拒絕，吃閉門羹是正常的。那麼，你得發揮巧思，讓他們更容易接觸一些。

我曾經聽一個朋友提到，他在大學三年級時，決定轉換跑道，但家人不同意。他靠自己打工存了一筆補習費，並在暑假時間密集地到補習班上課。大部分的時候，他都自己搭公車前往補習班，但偶而則會拜託家人接送。

對家人來說，做個接送的動作並非難事。但在這過程中，他卻能明顯觀察到，家人在接送時，從一開始嘴上總是碎碎唸，數落他轉換跑道並不明智，到後來，會開始關心他上課的情形，考試的內容，以及是否遇到困難。

顯然，家人的態度有了些許的轉變。

強化家人的參與及支持行為

一旦你的家人開始改變態度或行爲，朝向支持你的夢想時，如何能夠讓已改變的持續發生，甚至改變的幅度越來越大。那麼，就是**針對他們已經做到的，提供他們在乎的肯定**。

當原來反對你追尋夢想的家人，表現出實際參與或者支持（或不反對）**的態度或行爲時，請立即指出並給予肯定。**問題是，他們通常是成人，用什麼做爲肯定的媒介才好呢？究竟是金錢、禮物、大餐，還是「你好棒」的口頭讚美？

最好的肯定媒介，就是讓家人感受到來自於你的情感連結。請讓他們知道你在乎他們這麼做、你喜歡他們這麼做、你感激他們這麼做；而當他們這麼做時，你感覺到自己得到充分的愛與支持。

這是因爲，人們都希望自己在他人面前是有貢獻與價值的。特別是，那是一群本來就十分關心你的人，只是原本他們關心你的方式，是反對你的夢想。現在，你要讓他們知道，他們的態度從反對到支持，正是讓你感覺到被關愛的表現。

所以，請記得在他們做出實際參與和你夢想有關的行動時，露出燦爛的笑容，向前給他們大大的擁抱（若他們習慣這樣的表達方式的話），同時，帶著撒嬌的口吻說著：

「謝謝你這麼做，我感受到你眞的很關心我。」

「我好喜歡你與我討論這件事情的感覺。」

「當你傾聽我分享我在工作上的事情時，我感到很幸福！」

「看到你花時間來參加這個活動，我超感動的啦！」

這樣的話語，比起時常生氣地對他們說：「你們都不願意支持我！」「你們一定不愛我！」「我很懷疑我是不是你們親生的！」之類的話語，肯定更能被接受吧！

你可以選擇拒絕停留在過去扮演的角色中

閱讀到此，我想你已經充分掌握，當你的夢想不被家人支持，企圖掙脫家人親情綑綁而達到眞正獨立自主時，所需要的具備的技法與心法了。即使如此，這仍然是困難重重的。

事實上，我始終覺得，一個人要從年幼成長到能眞正獨立成熟，本來就是一件相當不容易的歷程。

相較於過去，現代社會是更爲豐衣足食的，一個孩子要能身體健康地長大，並不是太難的事情。而在成長過程中，也比起過去更容易取得更多有利於心智發展的刺激或條件，如接受教育或從事任何有助於感官成熟的活動。

但是，在心理與行爲上的獨立與成熟，對某些人而言卻仍有著巨大的困難，甚至，有的人終其一生都無法達到這樣的境地。難就難在，原生家庭成長環境中，主要照顧者與孩子之間那剪不斷、理還亂的情感糾結。

我們在第一章中透過好幾個案例說明了，發生在一般家庭裡常見的親情綑綁現象，讓一個孩子即使長大成人了，仍然無法獨立自主，也難以爲自己負起完全的責任。這背後的因素眾多，可能是爲了照顧父母的需求，彌補某個家庭成員的遺憾，保護家庭整體免於分崩離析，代替家人受苦等，這種種原因的背後，都指向了一個共同的關鍵——與家人之間的情感連結。

我們都知道，與原生家庭主要照顧者的情感連結越是穩固與安全，在成爲獨立的個體時也會更有勇氣與安全感，也才能擁有足夠的力量盡情探索家庭外面的世界，而長成自己眞正該有的面貌。

但家人之間過於緊密與糾結的情感束縛，又會綑綁住一個人的冒險企圖，讓他在自我實現的路上裹足不前。

正因爲邁向獨立成熟是如此辛苦，有的人便選擇不讓自己眞正長大，讓心智停留在孩子的狀態中，一方面順應父母的操控欲望（持續扮演父母眼中的乖孩子角色），一方面不需要自我負責（不如人意時便有了可以怪罪的對象）。

一旦你覺察了自己持續在扮演這樣的角色，使得你總是得把夢想擱在一旁，或對於做出某個生涯決定猶豫不決時，這正是一個採取行動的絕佳時機。

至少你知道，在你的身上究竟發生了什麼事，因而阻礙了你走向追尋夢想的道路。

至少你知道，你有其他的選擇。

也就是，**拒絕停留在過去扮演的角色中，清楚認知到生命系統賦予你的重要任務——向前走。**

做好長期抗戰的心理準備

但困難就來自於，不是你當下決定要怎麼做，事情便會如你所願，順遂發展。因爲，你得面臨家人更強大的情緒反撲，包括，對你有更多的限制、釋放更多的情緒勒索、拒絕討論你的決定、揚言斷絕親情關係等，這肯定會讓你心生畏懼，起了打退堂鼓的念頭。

我很不想用「抗戰」來形容向家人爭取獨立自主的過程，這似乎把家人的關懷當作敵人來看待。因爲，越是讓人透不過氣的情感壓迫，也同時蘊藏著滿滿的愛呀！

只是，用抗戰這個詞彙來形容這過程，也頗爲貼切。因爲，**爲了自我實現，在應對家人的反對聲音時，我們得使出各種策略，包括強硬的、迂迴的或柔和的，試圖逐漸衝撞出些許可以自我決定的空間。**

同時，這個衝撞及爭取自立的過程，常常需要耗費許多時間；若想要進一步改變家人的態度，獲得家人的支持，則更得要有長期抗戰的心理準備。

因此，這絕對是一條漫漫長路。

也許，你早就已經走在實現夢想的道路上了，從事著你理想中的事業，也做得有聲有色，生活更是過得充實又快樂，但內心裡仍然有個遺憾，就是始終沒辦法得到家人的支持與祝福，這也是常有的事。

永遠記得，邁向獨立自主，會是一條持續不斷的路；即使全天下的人都不願意支持你，也請務必自己支持自己。

結語

除了你自己，沒有人能夠綑綁住你

有一回，我到一所大學帶領學生生涯探索的工作坊。課程中，我發下圖畫紙，給了一點指引，請學生在上面任意創作。我發現，幾乎在場的所有的同學，拿到紙後，不是直接開始作畫，而是先東張西望一陣子。

於是我特別強調，沒有標準答案，請自己畫自己的就好。幾位同學開始動筆了，但仍有不少同學，繼續左右張望，躊躇了好一陣子，才開始動筆。

我見一位同學左看看、右看看，拉長了脖子反覆掃視教室中其他人，遲遲沒有開始畫。我向前關心：「怎麼了？發生什麼事了嗎？」

「我不知道要畫什麼？」他苦惱地說。爲了讓他安心，我再度強調，想到什麼就畫什麼，沒有標準答案。

「我等一下再畫好了。」

「爲什麼呢？」

「因爲，我先想看看其他人都畫些什麼？」

「我其實不希望限制住你們的創意與直覺，所以要你們自己畫自己的。」我明確地告訴他我的期待。

「可是，不先看看別人怎麼畫，我實在畫不出來。」

原來如此，只是，參考了別人的作品，畫出來的就不是自己的了。

東張西望，衆人的決定是最安全的決定？

你肯定也常「東張西望」吧！舉個例子，當你正要騎車出門，眼見外頭烏雲滿布，又下起綿綿細雨，但另一頭還有著陽光，你思索著，究竟要不要穿上雨衣再出門？

於是，你望向路上的行人及機車騎士，如果大部分的人都穿著雨衣，你大概也會乖乖地把雨衣給穿上。**因爲你知道，衆人的決定就是最好的決定。同時，我們也希望自己與他人盡量長得像一點，如此，才會是最安全，最能在團體生活中混得下去，而不會被視爲異類。於是，人們會出現社會心理學上所說的「從衆」行爲。**

在團體中，某些衆人都在做的事情，就會成爲風氣，如果你不跟著那麼做，別人就算沒視你爲異類，自己也會感到不自在。

像是我時常到中學去對學生演講，有些聽衆是被校方特別「安排」來聽講的，大部分的人一開始就沒有準備要學習。於是，演講過程中，玩手機、讀自己的書、交頭接耳、呼呼大睡，大有人在。但我發現這些同學中，有些人是對演講主題有興趣的，一開始會挺直腰桿，聚精會神；但偶而環顧四周，發現同學都在忙自己的，便開始對自己特別專心的行徑感到不自在。漸漸地，也會拿起手機，或者閉上眼睛，眞正「融入」團體中成爲其中一分子。

正因爲這種傾向於與衆人行爲類同的習性，讓我們在面臨做決定的時刻，也會東張西望一番，也就是參考其他人的意見。**「東張西望」正是我們日常待人處事、應對進退時的慣性反應。**

套個公式得出結果，真實人生並不適用

如果身旁的人，對你而言深具影響力，或有很深的情感連結，他們的選擇或意見，對你而言就極具參考價值。你八成會照著他說的做，特別是，在你面臨重大抉擇關頭，內心慌亂不已時，常常身旁的親友怎麼說，你就怎麼做。

一直以來，我們在做決定時，相當仰賴他人的意見，即使自己心有定見，也總想聽聽別人怎麼說。而從小，我們接受教育的過程中，也有許多可依循的範本，圖要怎麼畫才是好看、作文要如何寫才是佳作、數學要如何運算才會得到正解，乃至如何思考、如何判斷或者生活品味，都有著一套社會上公認合宜或約定俗成的範本，讓人照著做，準沒錯。於是，我們逐漸習慣去爲任何問題找出一個唯一的標準答案。

在面對人生中沒有標準答案的事情時，我們也渴望能有個直接套用的方程式，把數字代入就得到答案，照著做就會產出美好的結果。問題是，人生中的重大抉擇，像是，如何求職、找婚戀對象、是否步入婚姻、買房置產、生兒育女……等，幾乎都沒有標準答案，更不可能會有直通成功快樂的勝利方程式。

只是，我們早就養成了仰賴他人提供答案與範例的習慣了。過於依賴他人的下場是，我們也失去了自我負責的能力：「因爲是照著別人的意見做，所以失敗了，不能怪我。」

一個無法做到「自我決定、自我負責」的人，顯示他在心理上是不夠成熟的，還處在孩子狀態，就像新生兒一樣，凡事都需要依賴別人協助，否則就是哭鬧。

無奈的是，在我們社會文化中，上一輩的人常是扼殺孩子邁向獨立成熟的劊子手。在孩子成長的過程中，總是會看到大人將他們的手試圖伸進孩子的各種決定中。代替孩子做決定，名爲保護孩子，卻剝奪了孩子從失敗中學習的機會，更讓孩子無法學會爲自己的失敗負起責任。

那是因爲上一輩的大人，內心有著諸多的恐懼、不安、匱乏、失落與遺憾，也許是將這些痛苦投射到孩子的成長與教養上，也許是將自己的生命希望寄託在新的生命上；因此，當孩子開始爭取獨立自主時，大人便將孩子綁得更緊，不允孩子眞正長大，同時又常責備孩子不懂事、不成熟。

於是，一個孩子要邁向獨立成熟，從來不是一件容易的事情。

面對夢想不被家人支持時的體悟

慶幸的是，你快把這本書給讀完了。

此刻，你應該清楚知道，唯有看懂家人是如何透過那條無形的繩子綑綁住你，並且理解家人的局限與無奈，才能認清自己的處境。你不需要怪罪父母或家人，同時也能帶著他們的愛與支持往前走向屬於自己的路。

在追尋夢想的過程中，如果真有人能阻止得了你，綑綁住你，讓你裹足不前，絕對不會是你的父母或家人，而是你自己——要不是你不夠確認自己想要的是什麼，不然就是還無法自我負責。

讓我們再次複習幾個重要的觀念吧！

在你試圖追尋自我實現、獨立自主，卻得不到家人支持時，你需要有以下的體悟：

（一）人的一生中最重要的任務，就是活出獨特的自己

邁向獨立自主是一個人成長過程中重要的發展任務，年輕人有自己的夢想與主

見，代表的正是想活出屬於自己的人生，掌握自己人生的主導權。一個人終究是要活出自己的人生，而是不是複製別人的，更不是走父母安排好的那一條路。至於，你獨特的人生長得什麼樣，你得自己去摸索追尋，並反覆確認。

（二）永遠別想改變你的父母或家人

世界上沒有完美的父母，每一位父母都有其局限；他們負責給你生命，供你成長所需的一切，不代表他們需要為你的人生負責。當你長大後，你就得為自己的人生負起完全的責任。所以，永遠不要試圖要求你的父母改變，因為他們幾乎不會改變立場。他們願意支持你的決定，是你幸運；他們持反對立場，你也得接受這個事實。

（三）不受父母家人支持不代表不被愛

請別把「不被支持」與「不被愛」劃上等號。父母因過去的成長經驗與環境的限制，與你的價值觀不同，而無法支持你的決定，那代表的只是一種差異，而非對立，裡頭仍是出自於一份愛。你可以選擇不接受他們傳遞給你的壓力或擔憂，但請接受其中關於愛的成分。

（四）自己的人生由自己照顧

你會陷入痛苦掙扎中，一方面，你是想透過扮演一個聽話孩子的角色，讓他們放心，此刻，你正在照顧他們人生中的不安與憂慮；然而，你要求父母全力支持你，才願意大膽前進，那麼，你也是在要求父母照顧你的擔心與膽怯。當你長大後，你得清楚體認，每個人的人生都只能由其本人照顧，不論是父母的或你的，都是如此。

（五）每一個選擇都會有遺憾，你只能接受

現實上，兩代之間就是存在著差異。你希望既得到父母支持，又能走上自己喜歡的路，這種兩全其美的理想狀態，往往是不存在的。當你選擇了聽從父母的安排，就得犧牲自己獨立自主的渴望；而當你要大膽活出自己的人生，就免不了要與父母相衝突。也許沒有最完美的決定，每個決定都伴隨著遺憾或後悔，你只能接受，這也是一種自我負責的態度。

活出獨特的自己，是權利，也是責任

行文到此，我深切地想傳達出一個觀念，就是，**每一個人來到這個世界上，本就具備充分的能力與資格，活出屬於自己的生命面貌**。

在生命系統中，上一代需要允許與支持下一代活出自己的人生，而新的生命則是要努力成爲一個足夠成熟的人，在這個世界上充分發揮自己本然的天賦，爲生命系統的發展而服務。也就是，**對每一個人而言，活出自己獨特的生命面貌，是權利，也是無法逃避的責任**。

因爲體認到這一點，二〇一七年，我辭掉了從事近十年公立學校的穩定教職，選擇成爲一個自由的心理工作者。我嘗試把自己放到一個與過去不一樣，但令我感到更自在、更豐盛也更有影響力的位置。

決定轉職的過程從來不容易，除了經歷到許多自我掙扎外，更與家人長期處在緊張及拉扯中。直到我體悟到，**除非我能自己支持自己，否則我沒有資格要求任何人支持我——那只不過是顯示自己根本不夠想要實現夢想，或者，無法眞正地自我負責**。

於是，離開舒適圈不過就是遞出辭呈，並且爲自己做好安排，走向另一條路的過程罷了。

正因爲成了自由工作者，我有更多時間從事我熱愛的寫作工作，也承蒙圓神出版社的企畫及編輯再次賞識，給了我寫出這本在心中醞釀已久的書的機會。

在本書的寫作期間，我的前世情人也來到這個世界上。一時之間，除了書稿、電腦及鍵盤外，奶瓶與尿布也充滿在我的生活中。

謝謝我的另一半總是如此支持我，提供我可以充分專注的空間持續寫作；也謝謝可愛的女兒來到這世上，看到她，我的心底便充滿暖意，一切的辛苦與壓力，統統獲得療癒了。

願這個新生命，也能活出自己獨一無二的生命面貌。

也許十幾年後，這個新生命也會因爲追尋自己的夢想，而與我的關係緊張，衝突不斷；到那時，**我會持續提醒自己，我的任務，就是提供無止境的支持與關愛而已。**

Eurasian Publishing Group
圓神出版事業機構
用心與你對話・網野無限寬廣
圓神出版社
Eurasian Press

www.booklife.com.tw　reader@mail.eurasian.com.tw

圓神文叢 242

叛逆有理、獨立無罪：掙脫以愛為名的親情綑綁

作　　者／陳志恆
發 行 人／簡志忠
出 版 者／圓神出版社有限公司
地　　址／台北市南京東路四段50號6樓之1
電　　話／（02）2579-6600・2579-8800・2570-3939
傳　　真／（02）2579-0338・2577-3220・2570-3636
總 編 輯／陳秋月
主　　編／吳靜怡
專案企畫／沈蕙婷
責任編輯／林振宏
校　　對／林振宏・歐玟秀
美術編輯／李家宜
行銷企畫／詹怡慧・林雅雯
印務統籌／劉鳳剛・高榮祥
監　　印／高榮祥
排　　版／莊寶鈴
經 銷 商／叩應股份有限公司
郵撥帳號／18707239
法律顧問／圓神出版事業機構法律顧問　蕭雄淋律師
印　　刷／祥峯印刷廠
2018年12月　初版

定價 280 元　ISBN 978-986-133-673-2

一個人的改變，造就家人彼此的「各就各位」。
家人間的感情連結，不會因爲任何人去實踐夢想而就此終結。

——《叛逆有理、獨立無罪：掙脫以愛爲名的親情綑綁》

國家圖書館出版品預行編目資料

叛逆有理、獨立無罪：掙脫以愛為名的親情綑綁 / 陳志恆著.
-- 初版. -- 臺北市 : 圓神, 2018.12
264 面；14.8×20.8公分 --（圓神文叢；242）

ISBN 978-986-133-673-2（平裝）
1.自我肯定 2.自我實現
177.2 107018375